Norbert Wickbold
Denkzettel

6

Norbert Wickbold

Denkzettel

Die sechste Staffel

1. Auflage
Copyright © 2020 by Norbert Wickbold
Layout, Umschlaggestaltung und Illustration: Norbert Wickbold
Korrektorin: Irene Wickbold
Verlag & Druck: tradition GmbH, Halenreie 40-44, 22359 Hamburg

ISBN: 978-3-7497-9049-4 (Paperback)
ISBN: 978-3-7497-9050-0 (Hardcover)
ISBN: 978-3-7497-9051-7 (e-Book)

Bibliografische Information der Deutschen Nationalbibliothek:
Die Deutsche Nationalbibliothek verzeichnet diese Publikation in der Deutschen Nationalbibliografie; detaillierte bibliografische Daten sind im Internet über http://dnb.d-nb.de abrufbar.

Inhalt

Vorwort

In dieser sechsten Ausgabe der *Denkzettel* wollte ich mich mal sprachlich und gedanklich nur mit einigen Redewendungen beschäftigen. Viele Redewendungen benutzen wir, und wissen oft kaum noch, was sie einst bedeuteten. Und tatsächlich ist das für uns heute gar nicht unbedingt wichtig. Interessant ist, dass sich manche Redewendungen hartnäckig gehalten haben. Noch interessanter ist, was wir heute damit auszudrücken imstande sind. Ich möchte gerne verstehen, was ich sage, was über meine Lippen kommt.

Erstens kommt es anders und zweitens anders, als man denkt. Und mit dieser Wendung hat wohl niemand gerechnet. Sie wissen schon, wovon die Rede ist: Das Virus, das rein sprachlich, aber hoffentlich nicht wirklich in aller Munde ist. Ach du liebe Güte! Da kann einem schon angst und bange werden. Da ist es vielleicht ganz hilfreich, zu fragen, was die liebe Güte eigentlich mit uns vor hat und wie weit ihre Güte reicht.

Sicherlich gab es in der Zeit, als die Rede davon aufkam, *aus allen Wolken zu fallen,* weder Flugzeuge noch Computer und erst recht keine Cloud, die aktuell in aller Munde ist. Um so wahrscheinlicher ist es für heutige Menschen das tatsächlich, nicht nur im übertragenen Sinne zu erleben. Wenn Sie den Denkzettel 57 lesen, werden sie womöglich aus allen Wolken fallen. Und wenn auch nur virtuell. Also, ich meine aus der Cloud. Nun ja, vielleicht nicht Sie selbst, aber Ihre Daten.

Der zweite Denkzettel dieses Bandes beschäftigt sich mit der Frage nach den Hempels. Sie wissen schon, die mit dem legendären Sofa. Wie das da aussieht! Ja wie sieht das denn wirklich aus? Wer hat je das Original zu Gesicht bekommen? Ich wollte es wissen. Sie nicht?

Wenn heute so viel von Sicherheit die Rede ist, zeigt dass nur, wie verunsichert die Menschen in Wirklichkeit sind. Aber wo ist man denn wirklich noch sicher?

Auf jeden Fall dachte ich mir, sollten wir uns von diesen Grübeleien nicht den Spaß verderben lassen. Deshalb habe ich Nachforschungen angestellt, was es mit dem vielfach angekündigten Beömmeln auf sich hat. Und am Ende war das wirklich ein Spaß!

Manches, was ich mit halbem Ohr höre, lässt mich eher im Unklaren. Oder ich stehe völlig im Dunkeln. Ja da soll es sich gut munkeln lassen. Wissen Sie Bescheid? Ich hab da so was munkeln gehört. Aber lesen Sie selbst.

Wer immer noch nicht weiß, wovon die Rede ist, muss aufpassen, dass er sich nicht ins Bockshorn jagen lässt. Das gibt nämlich einige, die es nur darauf abgesehen haben. Ja ich selbst hatte das anfangs tatsächlich als eine Art Sport aufgefasst, mich ins Bockshorn jagen zu lassen. Davon bin ich aber ganz abgekommen und im Denkzettel Nr. 56. sage ich Ihnen auch warum.

Ich überlasse es Ihnen, ob Sie den eher lieblichen Flötentönen lauschen oder sich von derber Blasmusik den Marsch blasen lassen. Teufelchen, Teufelchen!

Ja und dann geht es noch um die Frage: Kann man Zeit haben, in der Zeit sein oder sogar aus der Zeit fallen? Manchen gelingt das scheinbar gleichzeitig. Aber passen Sie auf, denn auch beim Lesen kann man ganz schön viel Zeit verlieren. Und wenn man Glück hat, sogar auch finden. Ich hoffe natürlich, Ihnen ist die Zeit nicht lang geworden, beim Lesen der Denkzettel.

Zu guter Letzt erklärt uns Tante Paula im 60. Denkzettel, wie wir im Alter geistig fit bleiben, wenn wir immer weiter lernen. Das geht allerdings nur, wenn wir bereit sind, immer wieder neu und anders zu denken, als wir es gewohnt sind. Das sind doch Aussichten!

In diesem Sinne grüßt Sie Ihr

Norbert Wickbold

Denk ich an die liebe Güte, dann wird mir angst und bange! Wieso eigentlich?

Norbert Wickbold
Denkzettel Nr. 51

Denk ich an die liebe Güte, dann wird mir angst und bange! Wieso eigentlich?

Während ich diese Zeilen niederschreibe, hoffe ich, dass wir schon bald alle in gewandelter Form auferstanden sein werden. Wie nie zuvor. Und zwar hier auf Erden. *»Ach du liebe Güte!«* Die Nachrichten kennen nur ein Thema: Das Virus und alles, was damit zusammenhängt. Ach du liebe Güte, welch eine Panik! Ach du liebe Güte, es werden ja immer mehr! Ja die liebe Güte, was die uns allen gerade abverlangt. Da kann Einem schon angst und bange werden. Dabei heißt die liebe Güte eigentlich die liebe Gute und bezeichnet nichts weniger als die Erde, die uns alle beherbergt. Die liebe gute Erde. Und gutmütig ist die nun wirklich. Was haben wir ihr schon alles zugemutet. Sie erträgt uns Pflanzen, Tiere und Menschen. Wie kaum ein Lebewesen, das sie hervorgebracht hat, haben wir Menschen das Bild der Erde radikal verändert. Und das mit einer atemberaubenden Geschwindigkeit. Es bleibt einem fast die Luft weg. Da kann Einem wirklich angst und bange werden. Wie muss es erst der lieben, guten Erde selbst ergehen? Hat die wirklich so einen langen Atem, wie wir Menschen glauben? Manche sagen ja, die Erde sei wütend. Wütend über all das, was wir ihr schon angetan haben. Das zeige sich, wenn wir Menschen durch Stürme, Überschwemmungen, Vulkan-

13

ausbrüche und Erdbeben kräftig durchgeschüttelt werden. Dann scheint die Güte der lieben Güte am Ende zu sein. Das geschieht wirklich immer häufiger. Und sie schickt uns immer häufiger solche Plagen. Das ist tatsächlich nicht neu. Die Bibel berichtet davon, dass schon das alte Ägypten von zehn Plagen heimgesucht wurde, um einen Bewusstseinswandel beim Pharao zu bewirken. Doch nichts hatte geholfen. Die Mächtigen und Entscheider von damals blieben hartherzig. Und erst recht der Pharao. Und heute? Hat uns die liebe Güte nicht schon viele Plagen geschickt? Wir heutigen Menschen verweigern uns ebenso dem notwendigen Bewusstseinswandel. Statt dessen drohen wir wie einst Dr. Faust der lieben Güte mit beschwörenden Worten:

»Erwarte nicht die stärkste von meinen Künsten!«

Und da erscheint der Teufel höchstpersönlich, der frei heraus erklärt, dass Zerstörung sein Auftrag sei. Und Faust antwortet ihm spottend:

»Nun kenn ich deine würd'gen Pflichten!
Du kannst im Großen nichts vernichten
und fängst es nun im Kleinen an!«

Darauf der spitzfindige Mephisto:

»Und freilich ist nicht viel damit getan.«

Damals wie heute haben all die vielen Wellen, Stürme Schütteln, Brände dem menschlichen Treiben weiß Gott kein Ende bereitet. Heute fängt es die, lange Zeit so liebe Güte wirklich im Kleinen an. Und tatsächlich.

Ein winzig kleines Virus schafft es. Ach du liebe Güte, diese kleine Ursache soll eine solch große Wirkung hervorrufen? Zunächst will das kaum jemand ernst nehmen. Doch was niemand für möglich gehalten hat: Das Virus lässt uns innehalten. Wir sehen ab von unserem Treiben. Denn das kleine Virus hat das Potenzial zu ganz großen Zahlen. Zu Zahlen, die all die Wachstumspropheten erschaudern lassen.

Im alten Ägypten hatte Moses dem Pharao demonstriert, welche Macht der wahre Gott hat, indem er seinen Mosesstab in eine Schlange verwandelte. Auch die ägyptischen Magier verwandelten ihre Zauberstäbe in Schlangen. Doch die mosaische Schlange hatte die Macht, die anderen zu vertilgen. Wie schon damals der Pharao, so beschäftigen auch die Mächtigen unserer Tage ein Heer von Beratern und Machern, damit diese ihnen eine machtvolle Zukunft sichern. Und in schwierigen Zeiten zeigt sich deutlich, was ihre Kunst in Wirklichkeit ist: ein fauler Zauber! Jahrzehntelang ließen wir uns davon in den Bann ziehen. Bedenkenlos ließen wir zu, dass sie gigantische Honorare und Bonuszahlungen kassierten und all die vielen fleißigen Arbeiter und Helfer zum kostenintensiven Ballast degradierten, der wegzurationalisieren sei. Einzig sie selbst galten als unverzichtbare und unbezahlbare Stütze unserer Gesellschaft. Ihre Zauber- und Beschwörungsformeln von Machbarkeit und Unfehlbarkeit, von Wachstum und Gewinnstreben sind sinnlos geworden. Nun in der Krise wird deutlich, wer wirklich unverzichtbar ist. Plötzlich fällt auf, dass all die billigen Arbeitskräfte gerade das Wertvollste sind, was die Gesellschaft hat. Jetzt erweist sich, dass der Stein, den die Meister verworfen haben, zum Eckstein geworden ist. Nicht die Berater, Makler und Manager, sondern die Krankenschwestern, Verkäufer und Lieferwagenfahrer bilden den Eckstein, also den Stein, der das Gewölbe unserer ganzen Gesellschaft wirklich trägt. Es machten schon Bilder die Runde, die zeigten, wie Umherstehende den Pflegepersonen Beifall klatschten. Ach du liebe Güte, da stehlen die fleißigen Krankenschwestern und Verkäuferinnen doch tatsächlich den Gewinnmaximierern die Show. Wie wäre es, wenn diese statt dumm aus der Wäsche zu schauen, selbst mit zupacken würden, wo Not am Mann ist? Oder wenn sie das angesammelte Geld aus vielen Bonuszahlungen mal gemeinnützig anlegen würden? Ach du liebe Güte, rufen sie, soll jetzt etwa Solidarität wichtiger sein, als Raffgier? Und wir? Soll unsere Solidarität bald wieder nur den alten Profiteuren gelten?

Manchmal stelle ich mir vor, ich könnte die Erde vom Weltall aus betrachten. Mit all den vielen Satelliten und Flugzeugen, die sie unentwegt umkreisen. Ach könnte ich davon ein Gesamtpanorama erstellen und eine Momentaufnahme machen. Aber die Erde steht nun mal nicht still. Und die Flugzeuge erst recht nicht. Nur

16

in meiner inneren Vorstellung ist das möglich. Ja und dann denke ich sofort: »*Ach du liebe Güte, das sieht ja aus wie ein Seeigel!*« Sofort denke ich an das Bild vom neuen Virus. Ja, das hat genau solch einen Stachelschild um sich herum. Ja, richtig, Corona. Und dann schau ich mir die Erde erneut von außen an. Ach du liebe Güte, was ist denn jetzt passiert? Fast keine Flugzeuge mehr und so viele Schornsteine rauchen auch nicht mehr. Selbst Autobahnen und große Plätze sind plötzlich fast menschenleer. Corona hats geschafft. Ich spüre es, wie die Erde, die liebe gute Erde, endlich aufatmet. Ach du liebe Güte, was hast du mit uns vor? Jetzt hält die liebe gute Erde uns alle in Atem und macht uns angst und bange. In der Tat, alle bisherigen neun Plagen konnten uns nicht zum Umdenken bewegen. In der Bibel ist erst die zehnte Plage in der Lage den Pharao umzustimmen. Alle erstgeborenen Jungen werden umgebracht. Und auch der Pharao verliert seinen geliebten Sohn. Warum traf diese Plage eine solch grausame Auswahl? Scheinbar wollte Gott den hartherzigen Pharao strafen, nach dem Motto: Entweder du erkennst meine Macht an, oder ich vernichte dich. Doch wahrscheinlich ging es schon damals um mehr. Um viel mehr. Nicht nur der Pharao sollte sich wandeln. Die ganze Kultur musste gewandelt werden. Damals waren die Erstgeborenen der wundeste Punkt des ganzen Systems. Die später Geborenen gerieten oftmals in Abhängigkeit oder gar in die Sklaverei. Wie die Israelis, die Moses von ihrem Joch befreien wollte.

Und heute? Heute verschont Corona mit der zehnten Plage, die imstande ist, fast alles lahmzulegen, gerade die Jungen. Die Jungen scheinen ungefährdet zu sein. Und das Ganze geschieht genau, nachdem die Jugend ein wichtiges Signal gesetzt hat: Das Alte ist schon lange überholt, es muss überwunden werden. Und zwar sofort. Wir wollen nicht mehr so weiter machen. Wir sind bereit! Ach du liebe Güte! Jetzt verstehe ich, warum die jungen Klimaaktivisten den Älteren zugerufen haben: *»Ihr beraubt uns unserer Zukunft! Gebt uns frei, damit wir unser Leben leben können!«* Bisher hatten sie sich einfach am Freitag freigenommen. Fridays for Future. Jetzt, durch Corona haben sie alle Tage Free for Future. Freie Tage für eine bessere Zukunft. Und das geschieht dank Corona mit staatlicher Anordnung! Und tatsächlich, alleine dadurch, dass sich die ganzen Schüler nicht mehr einzeln von ihren Eltern zur Schule und zu allen möglichen Treffen fahren lassen, tun sie schon einiges für die gute Luft, also für eine bessere Zukunft.

Auch Corona trifft eine schreckliche Auswahl. Es befällt vor allem die Alten, besonders die Hochaltrigen. Wie sich jetzt schon erahnen lässt, wird es das Alte, also das alte verhärtete und erstarkte System, niederreißen. Schon Laotse bezeichnete die Alten als Gesellen des Todes. Bei ihm heißt es:

18

»Darum sind die Harten und Starken, Gesellen
des Todes, die Weichen und Schwachen, Gesellen
des Lebens.«

Ach du liebe Güte! Jetzt wird, was in den letzten Jahren
zum Schimpfwort degradiert wurde, von einem Tag
auf den anderen zur Überlebensstrategie. Ich meine
Solidarität, Achtsamkeit und Rücksicht. Ach du liebe
Güte, jetzt wird sogar die völlig aus der Mode gekom-
mene Hilfsbereitschaft wieder entdeckt. Und die sonst
übliche Protzerei erweist sich endlich als vollkommen
fehl am Platze. Die liebe Güte gönnt der ganzen Welt
eine Atempause und verlangt von uns Menschen einen
langen Atem. Eines scheint mir jetzt schon gewiss. Ein
Zurück zum Altgewohnten kann es nach dieser Krise nicht geben. Vielleicht erweist sich Corona als der
Meteor, der die Dinosaurier unserer Wirtschaft zum
Aussterben bringt. Doch wenn man genau hinschaut,
sind die nicht ausgestorben, sondern die schwerfälligen
Donnerechsen haben sich gewandelt zu federleich-
ten Akrobaten der Lüfte. Vielleicht muss die ganze
Menschheit, noch einige goldene Kälber opfern und
umschmelzen und dann, wie damals die Israeliten, vier-
zig Jahre lang durch die Wüste marschieren, dabei alten Ballast loslassen, um schließlich im gelobten Land
anzukommen. Ach du liebe Güte. Nein, du liebe Gute.
Liebe gute Erde! Mit frischem Atem rufen wir ihr zu:
   »andra tutto bene. Ja, alles wird gut!«

Wie es bei Hempels unterm Sofa wirklich aussieht!

Ich wollte das tatsächlich wissen

Heilkunst und FarbenPracht©

Norbert Wickbold
Denkzettel Nr. 52

Wie es bei Hempels unterm Sofa wirklich aussieht!

Ich wollte das tatsächlich wissen.

Manchmal gehen mir Redewendungen durch den Kopf – ja und ich habe nicht die leiseste Ahnung, wie sie dort hinein gekommen sind. Genauso wenig, wie ich – zumindest damals als Kind – verstehen konnte, wie es in meinem Zimmer immer wieder zu solch einer Unordnung kommen konnte. Auch wenn die Leute sagen, dass alles, was geschieht, eine Ursache haben muss, so scheinen doch Unordnung und Chaos, wie der Staub, der sich ohne eigenes Zutun auf alles setzt, gewissermaßen wie von selbst zu kommen. Meine Eltern, die sich an dem, von ihnen als chaotisch bezeichneten Zustand in meinem Zimmer übrigens mehr störten als ich, inspizierten deshalb des Öfteren mein Refugium und riefen beim Anblick dessen, was sie dort meistens vorfanden, spontan und mit größter Entrüstung aus:

»Das sieht ja aus, wie bei Hempels unterm Sofa!«
Obwohl ich mir vorstellen konnte, dass es bei Hempels unterm Sofa fürchterlich aussehen müsste, kannte ich niemanden mit diesem Namen. Seit wann waren meine Eltern mit den Hempels bekannt? Ich hab´mich nie getraut, sie danach zu fragen, woher sie wissen konnten, dass es bei Hempels so aussieht. Auf jeden Fall musste der Zustand unter Hempels Sofa viel, viel schlimmer gewesen sein, als alles, was je in meinem Kinderzimmer

vorzufinden war. Das konnte auch gar nicht anders sein, denn ich musste mein Zimmer ja ständig aufräumen.

Damals war ein Spielkamerad zu meinem besten Freund geworden. Seine Mutter war viel älter als meine. Und einen Vater hatte der nicht. Mein Freund sagte mir, er müsse nie aufräumen, höchstens wenn er das selbst wolle. Und das käme nicht häufig vor. Doch als ich einmal bei ihm zuhause war, sollte ich meine Schuhe ausziehen, da man in der Wohnung nur auf Socken laufen durfte. Sogleich setzte ich mich an die Bettkante. Beim Ausziehen der Schuhe stellte ich mich jedoch etwas ungeschickt an, denn es rieselte jede Menge Sand heraus und bildete auf dem Boden einen richtigen Haufen. Ich wollte das Malheur sofort beheben und den Sand einfach unter den Teppich kehren. In meiner kindlichen Naivität dachte ich: »*Davon sieht man nachher gar nichts mehr.*« Ich war schon dabei die Ecke des Teppichs anzuheben, doch als die Mutter ins Zimmer kam, erschrak ich über ihren missmutigen Blick und blitzschnell schob ich den Sand unters Bett. Prompt fragte sie mich: »*Macht ihr das zuhause auch so?*« Ich antwortete kleinlaut: »*Nein*«. Daraufhin drückte sie mir mit einem energischen Griff Schaufel und Handfeger in die Hand. So musste ich den Sand feinsäuberlich wieder unter dem Bett hervorkehren und in den Mülleimer werfen. Inzwischen weiß ich, dass das mit dem Unter-den-Teppich-Kehren nicht nur meine Idee war.

Die erfreut sich sogar einer ständig wachsenden Beliebtheit. Als die Mutter sah, dass ich die Sache wieder
in Ordnung gebracht hatte, war sie nicht mehr ganz so
böse. Und als ich nach Hause wollte, blinzelte sie mir
zu und sagte: *»Nachher erzählst du noch zuhause, dass
es bei uns aussieht, wie bei Hempels unterm Sofa!«* Ich
dachte, das war doch gar kein Sofa, sondern das Bett
meines Freundes. Und was darunter lag, hatte ich in
der Eile gar nicht zu Gesicht bekommen. Ich hatte nur
den Sand vor Augen. Und der war ja von mir. Wie bei
Hempels sah das darunter sicherlich nicht aus. Auf jeden Fall, so schloss ich daraus, muss das Chaos bei den
Hempels inzwischen legendär sein. Denn die Mutter
meines Freundes kannte die Hempels offenbar auch.

Im Laufe der Zeit erfuhr ich, dass praktisch jeder
wusste, wie es bei Hempels unterm Sofa aussah, obwohl
niemand genau sagen konnte, wo die Hempels woh-
nen. Niemand hatte wirklich nachgeschaut. Bis auf eine
Person. Die hat das tatsächlich versucht. Sie war Putzfrau und hatte überall drunter geschaut. Man glaubt
es kaum, aber die hat ein Buch darüber geschrieben.
Natürlich hieß das nicht: Bei Hempels unterm Sofa.
Es hieß: Unter deutschen Betten.[1] Als eifrige polnische
Putzfrau ging sie von Berufs wegen der Frage nach, woher der ganze Schmutz kommt, und hatte dabei einiges

---

1 Justyna Polanska: Unter deutschen Betten. Eine polnische Putzfrau
packt aus

zutage gefördert. Das es sich hierbei um eine verdeckte Ermittlung handelte, hätte eigentlich jedem klar sein müssen. Durch sie ist zwar jede Menge Krempel ans Tageslicht gekommen, doch nicht die hempelsche Unordnung und erst recht nicht die Hempels selbst. Nein die sind und bleiben verschwunden. Niemand hat die Hempels je gesehen. Waren die Hempels vielleicht als Mietnomaden aufgefallen? Das muss eher als unwahrscheinlich gelten, denn niemand hat je davon gehört, wie es unter ihren Betten, hinterm Kleiderschrank, im Bad oder im Kühlschrank ausgesehen hat. Nur das Sofa. Das war so fürchterlich! Das hat alles rausgerissen.

Manchmal denke ich, das Sofa gehörte vielleicht gar nicht den Hempels, sondern war als Installation von einem spitzfindigen Künstler gestaltet worden, der dann doch lieber anonym bleiben wollte. Das Werk des unbekannten Künstlers klingt ungefähr wie das Grab des unbekannten Soldaten. Die Zeitgenossen, die das besagte Sofa vorfanden, dachten, jedes Ding muss nun mal einen Namen haben. Auch die Unordnung. So wurde aus dem Chaos unbekannter Urheberschaft ein hempelsches Werk. Einer muss das ja schließlich verbockt haben. So`ne Schweinerei!

Meines Wissens nach ist das hempelsche Sofa jedoch nie ausgestellt worden. Weder als Corpus Delicti, noch als Kunstobjekt. Wahrscheinlich ist es längst von einer eifrigen Putzfrau weggeräumt worden. Zumindest das, was sich unter dem Sofa befand. Sie hatte wohl keine Klage des Künstlers zu befürchten gehabt – im Gegensatz zu der Putzfrau, die, mangels modernem Kunstverständnis, die Fettecke von Joseph Beuys entsorgte. Vielleicht hatte der Sofakünstler es vorgezogen, auf diesen zweifelhaften Ruhm zu verzichten oder er wollte einfach selbst nicht in den Schmutz gezogen werden.

Und was ist mit der Fernsehsendung, die unter dem Namen »*Kunst und Krempel*« bekannt ist? Nein, was da vorgestellt wird, dürfte wohl kaum unter Hempels Sofa gelegen haben. Dann eher das, was vor vielen Jahren ein Verkäufer auf einem Flohmarkt in Bremen feilbot. Der hatte auf einer riesigen Tischplatte jede Menge verrostete und vergammelte Gegenstände ausgeschüttet. Weil er seinen Stand geschickt an der engsten Stelle aufgebaut hatte, kam niemand an seinen Sachen vorbei. Und tatsächlich drängten sich von allen Seiten die Interessenten um dieses seltsame Sammelsurium. Offenbar hegten sie die vage Hoffnung, darin noch etwas Brauchbares oder gar Wertvolles zu entdecken. Und auch ich fing bald an, unter den rostigen Teilen nach Schätzen zu suchen. Der Anbieter dieses Schrotthaufens war ein selten schräger Vogel, der wie Catweazle aussah und von Zeit zu Zeit mit einer knarrenden Gießkannenstimme genüsslich in die Menge rief:

»Ich hab´ noch viel mehr Müll zuhause!«

Und sofort verlor ich die Lust daran, mich an diesen Sachen schmutzig zu machen. Plötzlich war mir, als würde ich mich an einen Virus infizieren. Ich dachte, ich hab′es doch nicht nötig, in Müll und Schmutz anderer Leute herumzuwühlen. Ja, mich überkam eine richtige Wut und ich dachte: Behalt′deinen Krempel, Herr Hempel! Naserümpfend ging ich weiter. Erst später wurde mir klar, dass mir dadurch wohl eine große Chance entgangen war. Denn warum hatte ich diesen Typen spontan Herr Hempel genannt? Vielleicht hätte ich bei ihm das Originalsofa hempelscher Urheberschaft gefunden! Womöglich war das die Quelle all der Dinge, die er selbst als Müll bezeichnete.

Ich muss zugeben, dass mein diesbezügliches Interesse rein sprachlicher Natur war. In Wirklichkeit konnte mir das Sofa der Hempels mit den nie versiegenden Quellen von Dreck und Müll gestohlen bleiben! Obwohl die Flohmärkte jede Woche am gleichen Platz stattfanden, begegnete ich dem Müllhändler nie wieder. Könnte es sein, dass seine Frau einfach nicht gegen den vielen Krempel dieses Herrn Hempel ankam? Oder hatte der Müllmann eine Frau Saubermann geheiratet, sodass es fortan bei ihnen überall picobello aussah – auch unter dem Sofa? Oder war es ihm tatsächlich gelungen, all seinen Müll unters Volk zu bringen? Dann könnte die Gießkannenstimme jetzt hämisch ausrufen:

»Ihr habt ja viel mehr Müll zuhause, als ich!«

28

Ich frage mich: Warum interessieren sich so viele Zeitgenossen für den Dreck anderer Leute? Sie beschweren sich über die Schweinerei, in der sie sich so gerne suhlen. Hauptsache, sie selbst gelten nicht als deren Verursacher. Und wenn ich daran denke, mit welcher Freude, ja, mit welcher Genugtuung sich der Verkäufer auf dem Flohmarkt daran ergötzte, dass andere Leute in seinem Müll herumwühlten, dann frage ich mich allen Ernstes:

» Sind wir nicht alle ein bisschen Hempel?«

Bis heute hat noch niemand öffentlich – und sei es auch nur den besten Freunden gegenüber – behauptet, das Original hempelsche Sofa bei sich zuhause zu haben. Die modernen Hempels tragen im Volksmund den Namen Messie. Messies sind Leute, die – im wahrsten Sinne des Wortes – jeden Müll aufbewahren. Messies gibt es inzwischen überall. Ja, das ist es überhaupt. Jetzt weiß ich, wo Hempels Sofa geblieben ist: In Schottland. Die Hempels lebten ursprünglich in Schwaben. Und weil die nie ihre Kehrwoche machten, und Messie irgendwie englisch klingt, haben die Schwaben sie nach Schottland abgeschoben. Ihren ganzen Dreck, besonders ihr Sofa mussten sie mitnehmen. Die Schotten fanden das ungeheuerlich und haben das hempelsche Sofa kurzerhand in ihren tiefsten See versenkt – mit allem Drum und dran. Und damit niemand auf die Idee kommt, das wieder zutage zu fördern, spricht man dort geheimnisvoll vom *» Ungeheuer von Loch Mess.«*

Sind Sie sich wirklich sicher?

Heilkunst und FarbenPracht©

Norbert Wickbold
Denkzettel Nr. 53

Sind Sie sich wirklich sicher?

Eigentlich wollte ich mich darüber lustig machen, dass sich die Politiker vor jeder Wahl so gerne selbst als Garanten für unsere Sicherheit anpreisen. Aber, das geht einfach nicht. Ich meine, man kann mit der Sicherheit anderer Leute keine Späße machen. Ich versteh´da jedenfalls keinen Spaß. Die Sicherheitsbedenken sollte man auf jeden Fall ernst nehmen. Früher hatte ich das Gefühl, in einer unsicheren Zeit aufzuwachsen. Heute glaube ich, dass es früher viel sicherer war. Ich frage mich nur, wo ist die alte Sicherheit geblieben? Oder gibt es inzwischen eine Neue? Man hört und liest überall von Bedrohungen. Wir sind praktisch nur noch von Bedrohungen umgeben. Ja und als ich neulich von einer *„Aufkommenden Bedrohung"* las, dachte ich, das muss wohl so etwas, wie ein heraufziehendes Gewitter sein. Aber sicher war ich mir da nicht. Wenn ich es recht bedenke, fing es in meiner Kindheit an, dass die Menschen sich immer unsicherer fühlten und sich deshalb vor allen möglichen Gefahren schützen wollten. Als sich die meisten Menschen einen Fernseher anschafften, brachte der ihnen die Welt direkt ins Wohnzimmer. Über den Bildschirm kamen aber auch jede Menge Verbrecher ins Haus. Während man gespannt, aber ahnungslos zusah, wie sich im Krimi der Mörder an sein Opfer heranschlich, konnte schon jemand in der eigenen Wohnung auf der Lauer liegen und man selbst zum Fall für *XY-ungelöst* werden!

Und als ich eines Tages von der Schule kam, wurde gerade eifrig an unserer Wohnungstür gearbeitet. Ein Handwerker war dabei, uns ein Sicherheitsschloss einzubauen. Meine Eltern hatten mit Sicherheit nicht so viel Geld, dass sie die Rechnung auf einmal bezahlen konnten. Sie meinten, das Sicherheitsschloss sei erforderlich, weil es bisher für Einbrecher ein leichtes Spiel war, in unsere Wohnung zu gelangen. Ich selbst hatte meine Mutter ab und zu mal gerettet, wenn ihr die Tür zugeschnappt war und sie keinen Schlüssel mitgenommen hatte. Dann holte ich mir vom Nachbarn einen Schraubenzieher und eine Wasserpumpenzange. Ich schraubte die Blende des Türknaufs ab. Längst war ich mir sicher, dass ich mit der Zange das Ende der Türklinke erfassen, dieses so drehen konnte, dass sich die Klinke bewegen und die Tür problemlos öffnen würde. Das war jetzt nicht mehr möglich.

Das Sicherheitsschloss befand sich an der Innenseite der Wohnungstür. Man musste fortan den Knebel zweimal umdrehen, um den Riegel vorzuschieben. Der ließ sich von außen nur durch den damals neuartigen Sicherheitsschlüssel öffnen. Wenn es an der Tür klingelte, konnte man im Guckloch sehen, wer draußen stand. Etwa meine Geschwister oder ein Nachbar. Manchmal war es der Briefträger oder der Geldbote. Wenn wir Kinder allein zuhause waren, bekamen wir immer Angst, wenn es klingelte. Solange wir nicht öffneten, konnte kein Fremder hereinkommen, aber wenn jemand immer wieder klingelte, konnte uns das so sehr verunsichern, dass wir womöglich doch die Tür aufmachten. Ich weiß nicht, ob das jemals vorgekommen war. Seitdem wir das Sicherheitsschloss hatten, fühlten wir uns alle nicht mehr sicher. Im Fernsehen kam immer der nette Mann aus der Nachbarschaft direkt ins Haus, bei dessen Auftreten sich jeder sicher fühlte. Es war der Mann von der Versicherung. Eine andere Versicherung bot Schutz im Zeichen der Burg an. Mich hatte das gewundert, denn wir lebten ja nicht in einer Festung. Und Ritter gab es schon lange nicht mehr. Werbung die Sicherheit versprach, hatte Hochkonjunktur.

Auf jeden Fall war die genialste Idee der Versicherungen, die Idee der Vor-Sorge. Denn auch in dieser Hinsicht half uns das Fernsehen bei der Aufklärung. Wir fingen an, uns Sorgen zu machen, bevor wir überhaupt ein Problem hatten. Besonders sorgten wir uns, dass aus Spaß ernst werden könnte. Und seither warnen uns die Versicherungen eindringlich vor der allgegenwärtigen Gefahr, auf einer achtlos weggeworfenen Bananenschale auszurutschen. Ich stellte mir vor, dass die Versicherungen extra für diesen Zweck einen Stuntman eingestellt hätten, der demonstrieren sollte, wie leicht man auf einer Bananenschale ausrutschen könnte. Es gab Maskenbildner, die darauf spezialisiert waren, in den Filmen die Verletzten und Verwundeten, so zu präparieren, dass man glauben sollte, die würden wirklich gleich verbluten. Mit Sicherheit würde ein Bananenschalenunfall zu unserer völligen Berufsunfähigkeit führen. Die Versicherer sind inzwischen unsere größten Verunsicherer. Ich habe jedenfalls in meinem ganzen Leben noch nie irgendwo eine Bananenschale herumliegen sehen. Außer in den Werbespots der Versicherungen rutschen real existierende Menschen überhaupt nie auf Bananenschalen aus. Im tatsächlichen Leben habe ich durchaus viele Ausrutscher erlebt oder von Freunden mitbekommen, aber die waren dann von der Versicherung gerade nicht abgesichert. Wo bleibt denn da die Sicherheit? Eines können Versicherer und Experten perfekt: Warnungen aussprechen und uns mit dem Schlimmsten drohen. Ihre größte Kunst besteht darin, eine Gefahr zu sehen, die gar nicht existiert, und uns dann dazu die Lösung aus dem Hut zu zaubern. Sie beteuern uns, dass sie uns in Sicherheit bringen! Sie verunsichern uns dermaßen, dass wir schließlich wirklich die Ängste entwickeln, die uns dazu bringen all ihre Policen zu unterschreiben. Wenn wir uns erst einmal um unsere Sicherheit sorgen, dann sorgen sie sich um uns. Genauer gesagt, um unser Geld. So läuft das. Nein, sicher ist das für uns jedenfalls nicht.

Früher war man anscheinend mehr um unsere Sicherheit besorgt. Im Fernsehen. In der Werbung. Wir lernten, wie wir sicher ohne Transpiration durch den Tag kamen, wie wir sicher vor Mundgeruch sein konnten oder was im Falle eines Falles nahezu alles klebt. Und was für eine mit Sicherheit lange Lebensdauer unserer Waschmaschine erforderlich sei, darüber klärte uns allabendlich Clementine auf. Wir lernten, wie wir sicher sein konnten, dass wir auch morgen noch kräftig zubeißen können. Wir wussten, wonach wir greifen mussten, bevor wir in die Luft gingen. Wir wussten, was wir nehmen mussten, damit in Bad und WC alles OK war. Und die Frauen wussten, dass sie sich sicher fühlen konnten, sobald sie die richtigen Einlagen benutzen. So war allseits für unsere Sicherheit gesorgt.

Und dennoch habe ich mich nie richtig sicher gefühlt. Ich konnte alles Mögliche glauben, aber wann konnte ich mir wirklich sicher sein? Wem konnte ich trauen? Mir selbst? In der Schule verunsicherten mich die Lehrer, indem sie mir, nachdem ich meine Antwort zaghaft vorgetragen hatte, entgegen donnerten: »*Bist du dir da wirklich sicher?*« Nein, ich war mir ganz und gar nicht sicher! Wie konnte ich auch? Viel besser war der Multiplechoice-Test. Zu jeder Frage gab es fünf Auswahlantworten, aber nur eine war richtig. Der sichere Weg zum Erfolg war das durchaus nicht.

Inzwischen bin ich mir gar nicht mehr sicher, ob die Welt früher wirklich sicherer war. Heute sollen die Schüler im Internet selbst herausfinden, wie viele und welche Antwortmöglichkeiten es gibt. Jetzt frage ich mich, wenn es keinen Lehrer mehr gibt, der es wirklich weiß, wer sagt den Schülern, welche Antwort richtig ist? Wo gibt es in diesem riesigen Netz überhaupt noch Sicherheit? Und was ist, wenn die Schüler an ihre Antwort selbst nicht einmal glauben? Sollten die Lehrer nicht sicherheitshalber die einst so verunsichernde Frage stellen: »*Bist du dir da wirklich sicher?*« Und wenn sich selbst Lehrer und Experten nicht mehr sicher sind? Was ist, wenn sie nur so tun, als würden die alten Sicherheitsmaßnahmen noch funktionieren? Wo sind sie geblieben, unsere altbewährten Sicherheiten? Das hat mit Sicherheit jeder gemerkt: Sie greifen längst nicht mehr! Ich habe den Eindruck, dass wir daran sicherlich nicht ganz unbeteiligt waren.

Als ich klein war, konnte jeder, der seine Sicherheit bedroht sah, einen Schutzmann rufen. Und diejenigen, die dafür sorgten, dass es heute kaum noch Schutzmänner gibt, versichern uns, dass sie es seien, die endlich wieder für die altbewährte Sicherheit sorgen werden. Als ich arbeitslos wurde, ereilte viele andere das gleiche Schicksal. Damals konnten immer mehr Menschen keinen sicheren Arbeitsplatz finden. Die Experten erklärten uns, das läge selbstverständlich daran, dass wir ein viel zu enges Sicherheitsnetz hätten. Man müsse die Maschen vergrößern, damit sich nicht so viele in Sicherheit bringen können. Dadurch wurden die verunsichert, die Arbeit hatten. Sie hatten fortan Angst, sie könnten eines Tages selbst durch dieses Netz fallen. Wenn früher zwei Menschen glücklich miteinander waren, fuhren sie gemeinsam in den sicheren Hafen der Ehe. Auch wenn die gemeinsame Fahrt nicht nur durch leichtes Fahrwasser, sondern auch durch manchen Sturm ging, blieben beide zusammen an Bord. Inzwischen lassen sich frisch Vermählte ihre Namen auf ein dickes Sicherheitsschloss schreiben. Und als Zeichen ihrer ewigen Bindung befestigen sie es an ihren Lieblingsplatz. Anschließend werfen sie die Schlüssel ins Meer, in den Fluss oder in einen See. Auf jeden Fall soll niemand das Schloss, und vor allen Dingen ihre Ehe, lösen können – bis sie vorm Scheidungsrichter stehen!

Als ich jahrelang vor Arbeit kaum noch aus der Wäsche gucken konnte und schön brav meinen Rentenbeitrag zahlte, dachte ich, ich hätte für meinen wohlverdienten Ruhestand vorgesorgt. Die Sicherheitsexperten erklären nun, dass die Rente durchaus sicher sei. Nur, wenn ich sicher davon leben wolle, dann müsse ich mich besser zusätzlich absichern. Am besten bei ihrer Versicherung. Hier sei die Rente sicher aufgehoben!

»Eines kann ich dir sicher sagen: Sicherheit kannst du weder kaufen noch verkaufen. Und wer versucht, sie dir zu verkaufen, meint es mit Sicherheit nicht ehrlich mit dir. Lass dich nicht für dumm verkaufen. Wenn du wirklich auf Nummer sicher gehen willst, dann vertraue nur einem deine Sicherheit an: dir selbst!«

Könnten Sie sich auch beömmeln?

Das will ich sehen!

Heilkunst und FarbenPracht©

Norbert Wickbold
Denkzettel Nr. 54

Könnten Sie sich auch beömmeln?

Das will ich sehen!

Jahrelang hat es mich immer wieder verwundert, wenn mir oftmals wildfremde Leute ein spezielles Angebot machten. Sie sagten: *»Ich könnt' mich beömmeln!«* Weil ich einfach nicht wusste, welche Konsequenzen das für mich haben würde, lehnte ich jedes Mal dankend ab. So ist es in Wirklichkeit nie dazu gekommen. Ich weiß nicht einmal, wie viele Chancen ich mir auf diese Weise entgehen ließ. Und noch viel weniger ist mir bewusst, was ich dadurch womöglich alles verpasst habe. Wie viele Menschen könnten sich beömmeln, aber wer macht es wirklich? Sagen Sie, wenn ich Sie lassen würde, würden Sie es dann tun? Ach, tun Sie es doch einmal – mir zuliebe. Das will ich sehen! Ja wirklich. Trauen Sie sich nur. Ich erzähl' es auch nicht weiter. Oder sollte ich das gerade tun? Das bleibt Ihnen überlassen. Beömmeln Sie sich nach Strich und Faden. Oder wie sagt man das richtig?

Jedenfalls hab' ich schon viel im Leben gesehen, aber Beömmeln fehlt mir noch. Wie sich jemand beömmelt, habe ich noch nie erlebt. Ich habe im Programm der Volkshochschule nachgesehen. Da gibt es oftmals seltsame, oder besser gesagt, spezielle Kurse im Angebot. Nein, einen Kurs im Beömmeln fand ich da nicht. Den sucht man dort vergebens. Beömmelungskurse findet man nicht als Fortbildung; weder für Anfänger, noch für Fortgeschrittene. Obwohl ja immer gesagt wurde, dass wir nicht für die Schule, sondern fürs Leben lernen würden, haben wir damals rein gar nichts über das Beömmeln gelernt. Was hat also das Beömmeln mit dem Leben – mit meinem Leben – zu tun? Ich weiß es bis heute nicht. Ich habe nur das Gefühl, dass mir ohne Beömmeln irgendetwas Wichtiges fehlt.

Beömmelt man sich eigentlich nur einzeln oder kann man das auch gemeinschaftlich tun? Vielleicht gibt es ja einen Beömmelungsverein, dem man beitreten könnte? Womöglich ist das eine Kunst, in der man es bis zur Meisterschaft bringen kann. Welchen Stellenwert hat das Beömmeln im wahren Leben? Ist das für irgendetwas nützlich oder macht man das nur so zum Spaß? Vielleicht ist das Beömmeln ja ein Fall für den Narrenverein. Die haben doch immer so 'ne Bömmel an ihrem Kostüm. Doch zunächst geht es um die eine Frage: Könnte man sich nur möglicherweise beömmeln oder kann man das auch wirklich tun? Und wer ist dazu überhaupt in der Lage? Ist die Fähigkeit, sich zu beömmeln vielleicht ein nur wenigen mitgegebenes Naturtalent, eines, mit dem die betreffende Person schon geboren wurde?

Und wer Fachmann im Beömmeln ist, wird sich wahrscheinlich total beömmeln, weil ich mich so bedrömmelt anstelle, was das Beömmeln angeht.

44

Ja und dann gibt es manche, die glauben, dass Beömmeln etwas Unsittliches sei und deshalb ein striktes Beömmelungsverbot – zumindest auf öffentlichen Straßen und Plätzen – fordern. Soweit möchte ich nun doch nicht gehen, zumal ich immer noch nicht weiß, was Beömmeln genau bedeutet. Die vielen Leute, die immer nur verkündeten, dass sie sich beömmeln könnten, haben mich neugierig gemacht.

Vielleicht ist das Beömmeln gar nicht so angenehm, wie ich dachte, und es handelt sich einfach nur um ein Herumeiern. Oder es meint die Leute, die sich an irgendeiner Kleinigkeit hochziehen können. Die aus jeder Mücke einen Elefanten machen. Die sich tierisch darüber aufregen können, wenn der Nachbar, der über ihnen wohnt, seine Balkonpflanzen gießt und dabei ein Tropfen Wasser herunter fällt. Dann wird in den dramatischsten Szenarien ausgemalt, was alles hätte passieren können. Allein die Möglichkeit dazu, reicht schon aus. So ein liebenswürdiger Zeitgenosse geht manchmal wirklich soweit, dem ahnungslosen Nachbarn Landesfriedensbruch vorzuwerfen. Bedeutet beömmeln wirklich auszurasten, sich daran zu ergötzen, dem anderen eine Szene zu machen, der dann vergeblich versucht, sich für etwas zu rechtfertigen, für das er gar nichts kann? Nach dem Motto: *Beömmeln in Ehren kann niemand verwehren,* kann man ja schon mal herumtanzen wie das Rumpestielschen höchstpersönlich.

45

Seltsam, was einem alles erzählt wird, wenn man sich nicht auskennt. Als ich meinen Freund Inkognito (der heißt wirklich so) fragte, ob er etwas über das Beömmeln wüsste, erzählte er mir die folgende Geschichte:

Wenn ganz kleine Kinder auf dem Wickeltisch liegen und eine neue Windel bekommen sollen, sind sie oft so quietschvergnügt, dass es eine wahre Freude ist. Das Kind strahlt, die Mutter strahlt. Alles ist gut. Die Mutter kitzelt das Kind, so das der kleine Nackedei zuckt und lacht. Und komischerweise passiert es schließlich bei Jungen häufig, dass sie vor lauter Entzücken anfangen, sich zu bepieseln. Das ist anscheinend ihr kindlich-elementarer Ausdruck höchster Glücksgefühle. Dieses Verhalten nennt man Beömmeln.

Beömmeln ist, sich selbst vor Freude zu bepieseln?

Nicht nur Freude, sondern höchste Glückseligkeit!

Ich wollte wissen, wie er sich da so sicher sein kann, denn normalerweise kann sich niemand mehr als Erwachsener an seine frühe Kindheit erinnern. Er sagte, er wisse das eben und grinste dabei. Als ich ihn fragte, ob er es selbst noch machen würde, grinste er wieder. Er erklärte mir, dass die Freude des Beömmelns bei Erwachsenen leider völlig zu Unrecht in Vergessenheit geraten sei, und behauptete felsenfest, dass es durchaus Menschen gäbe, die dies auch noch als Erwachsene praktizieren. Und bei jedem, der häufig äußern würde, sich beömmeln zu können, sei er sich sehr sicher, dass dieser Mensch das auch heute noch macht. Und höchstwahrscheinlich sogar regelmäßig. Aber natürlich so, dass es keiner sieht. Zum Schluss sagte er, es gäbe nur wenige Menschen, die sich diesen urtümlichen und zugleich heimlichen Spaß bewahrt hätten. Mit dieser Geschichte konnte ich mich nicht so recht anfreunden. Was sollte ich damit anfangen, wenn die Leute ganz groß in der Öffentlichkeit erzählen, sie könnten sich beömmeln und dann machen sie sich in aller Heimlichkeit in die Hose?

Schließlich fand´ich tatsächlich jemanden, der mir das mit dem Beömmeln richtig erklären konnte. Ich war auf einen echten Fachmann gestoßen, der sich mit Beömmeln absolut auskannte. Als Rheinländer war er quasi Beömme-lungsexperte. Zwar hatte auch er sich nicht vor mir beöm-melt, aber er war kein Aufschneider. Als ich ihm beichtete, dass ich mich, soweit ich mich zurückerinnern könne, in meinem ganzen Leben noch nie beömmelt habe, wollte er sogleich den Grund wissen. Na ja, ich erzählte ihm die Geschichte von Inkognito. Daraufhin fing er lauthals an zu lachen. Er sah mich mit großen Augen an, klopfte mir dabei auf die Schulter und sagte dann:

»Mensch, entspann´dich! Beömmeln hat zwar durchaus etwas mit Entspannen und Loslassen zu tun, aber die Geschichte, die dir dein Freund erzählt hat, hat mit Beömmeln rein gar nichts zu tun. Ich sage dir, der Einzige, der sich dabei mit Sicherheit beömmelt hat, war er

selbst. Und das auch nur, weil er sich genau ausgemalt hat, wie du seinen detaillierten Anweisungen brav folgen würdest.«

Es gibt immer wieder Leute, die einem erzählen, was man machen soll. Selbst wenn das der größte Blödsinn ist, machen die Menschen das. Fängt einer damit an, sich einen Ring durch die Nase zu ziehen, müssen das plötzlich alle haben. Während einige Menschen durch eine Krankheit ihre Haare verlieren und sich deshalb schämen, in die Öffentlichkeit zu gehen, lassen sich andere ohne Grund eine Glatze scheren. Und dann muss das jeder haben. Wer weiß, was uns noch alles erzählt wird. Vielleicht laufen die Leute bald alle mit Lippentellern durch die Gegend. Nur weil sie das mal gesehen haben und es irgendwie cool finden. Aber zurück zu deiner Geschichte. Wenn es cool ist, mit einer zerfetzen Hose und mit offenen Schuhen durch die Gegend zu laufen, warum soll man sich dann nicht auch selbst bepieseln? Hast du das gemacht? Nein, du brauchst es nicht zu erzählen. Behalt es einfach für dich. Schließlich wolltest du ja etwas Neues erfahren, oder?

In einem Punkt hat dein Freund allerdings recht. Beömmeln hat etwas mit Freude zu tun. Und bei so viel Ausgelassenheit kann das, was dein Freund so in den Vordergrund gestellt hat, natürlich auch passieren. Man kann sich nicht nur vor Angst in die Hose machen, sondern eben auch, wenn man sich so richtig beömmelt, dass dabei alle Schranken fallen, bzw. sich alle Schleusen öffnen. Meist geschieht das jedoch nicht. Dann schon eher das, was der Volksmund sagt: *»Da bleibt kein Auge trocken.«* Beömmeln ist einfach solch ein Spaß, bei dem jeder Ernst im Nu davongeschwemmt wird. Und während sich die Leute bei uns im Rheinland beömmeln, sagen sie woanders, dass sie sich kaputtlachen würden. Und dennoch bleiben auch sie heil. Schließlich sagt der Volksmund doch auch: *»Lachen ist gesund.«* Oder hast du schon mal davon gehört, dass jemand krank vor Lachen geworden sei? Nein, zu wenig Lachen, zu viel Ernst und Verbissenheit machen krank. Weißt du jetzt was Beömmeln ist? Denk´nicht weiter verbissen darüber nach, lass es einfach los. Beömmel dich völlig zwanglos. Und wenn dabei ab und zu mal etwas in die Hose geh, was macht das schon. Beömmeln lässt sich nicht ergründen. Man muss es einfach machen!

Ja, Beömmeln ist im Grunde genommen sinnlos und
ein Leben ohne Beömmeln ist möglich, aber sinnlos!

Ich dachte, man muss das erst üben. Wenn du einmal damit anfängst, dann kannst du das. Du könntest es nicht nur, du kannst es auch. Ja, beömmel dich! Und bald willst du gar nicht mehr darauf verzichten.

Wer sich nicht mal beömmeln kann,
ist `ne arme Frau, ein armer Mann.
Wer sich dem Beömmeln verwehrt,
lebt zwar – aber irgendwie verkehrt!

Haben Sie schon mal gemunkelt?

Heilkunst und FarbenPracht©

Norbert Wickbold
Denkzettel Nr. 55

Haben Sie schon mal gemunkelt?

Ich muss sagen, mich hat es schon immer gestört, wenn andere scheinbar mehr wussten, als ich. So war das auch mit bestimmten Sprüchen. Wie oft hörte ich die Leute – meist hinter vorgehaltener Hand – sagen:

» Im Dunkeln ist gut Munkeln.«

Ob es sich beim Munkeln um etwas handelt, was diese Leute eher als unanständig ansehen oder als anstrebenswert, konnte ich beim besten Willen nicht herausfinden. Vielleicht kennen Sie sich da besser aus, als ich. Haben Sie denn schon mal gemunkelt? Und warum geht das besonders gut im Dunkeln? Als ich feststellte, dass der Herr Duden das Wort »*munkeln*« kennt und ich nicht, wusste ich sofort: Hier stimmt irgendetwas nicht! Da muss ich etwas nicht mitbekommen haben. Habe ich nur nicht aufgepasst oder sollte ich das vielleicht gar nicht mitbekommen?

Kennen Sie dass? Da sitzen Freunde oder Kollegen zusammen in einem Raum und sind offenbar mitten im Gespräch vertieft. Und dann kommen Sie ahnungslos herein und das Gespräch wird sofort beendet. Ist doch komisch – oder etwa nicht? Haben Sie dann nicht den Eindruck, dass Sie das nicht hören sollen? Beschleicht Sie das unangenehme Gefühl, dass gerade über Sie geredet wurde? Man redet über Sie, aber nicht mit Ihnen. Vielleicht haben Sie demnächst Geburtstag und ihre Freunde oder Kollegen waren gerade in der Planung einer Geburtstagsüberraschung. Na ja, da ist das natürlich dumm, wenn sie in diesem Augenblick hereinspaziert kommen. Aber was ist, wenn der Geburtstag noch weit ist? Was wurde da nur gerade gemunkelt? Will man Ihnen eine Affäre andichten oder hat jemand einen Fehler an Ihnen oder ihrem Verhalten ausfindig gemacht? Während die munkeln, tappen Sie im Dunkeln.

Das ist so, wie der alte Schülerscherz, bei dem jemandem unauffällig ein Zettel auf den Rücken geheftet oder geklebt wird. Dann können alle sehen, was da drauf steht. Nur eben nicht derjenige selbst, der mit dieser witzigen oder gehässigen Botschaft völlig ahnungslos umherläuft. Alles lacht oder rümpft sich die Nase und Sie selbst wissen überhaupt nicht, worum es geht. Aber wer weiß schon, was im Kollegium alles hinter dem eigenen Rücken geschieht und geredet wird? Am besten ist es, Sie sagen sich einfach:

» Was ich nicht weiß, macht mich nicht heiß. «

Nahe verwandt dem Munkeln sind die Unkenrufe. Sie wissen schon, aus den Niederungen einer miefigen, trüben Brühe quakt einem etwas entgegen. Munkeln hat sicher etwas mit trüben Gewässern zu tun. Da kann man im Trüben fischen und weiß nicht, was man an Land zieht. Für undurchsichtige Vorhaben sind trübe Gewässer das richtige Milieu.

Aber warum heißt es immer wieder: Im Dunkeln ist gut Munkeln? Nur weil es sich so gut reimt? Das glaube ich nicht. Auf Munkeln würde sich zum Beispiel auch Schunkeln reimen. Und das wäre dann gleich auch noch lustig. Aber allen Ernstes, warum bevorzugt, das Munkeln die Dunkelheit? Müssen wir da irgendwelche Dunkelmänner vermuten? Oder stecken da gar die dunken Mächte hinter oder vielleicht die dunkle Materie? Soll die Antwort wirklich im Dunkeln bleiben? Und wenn jemand Licht ins Dunkel bringt, ist es dann mit der Munkelei ein für alle Mal vorbei? Vielleicht ist das ja wie mit der Dunkelkammer. Dort muss der Film bearbeitet werden, bevor er belichtet werden kann. Ansonsten sieht man nur schwarz. Ich denke immer, das Munkeln im Dunkeln bezieht sich auch darauf, dass Liebespaare im Dunkeln endlich machen können, was andere nicht wissen sollen. Also, wenn die Dunkelheit hereinbricht, ist die große Zeit für das Munkeln gekommen. Sonst heißt es ja immer wieder:

» *Was ich nicht weiß, macht mich nicht heiß.* «

Das scheint für das Munkeln gerade nicht zu gelten. Schon tönt es mir wieder von allen Seiten entgegen: Ich sag' ja nur, was man so munkelt!

Interessanterweise gibt es manche Worte nur in der Einzahl, wie etwa das *Ich* als Substantiv, andere nur in der Mehrzahl, wie *die Leute*, oder solche Worte, die nur in einer unbestimmten Form verwendet werden. Beim

Munkeln kann man nicht sagen: Ich munkel, du munkelst usw. Munkeln ist eher etwas Unbestimmtes. Es hält sich bedeckt. Es munkelt. Man munkelt. Es wird gemunkelt. Wer hat hier gemunkelt? Wer war das? Niemand war es. Aber jeder weiß Bescheid, denn es wurde gemunkelt. Nicht ich, nicht du, nicht er, nicht sie. Es wurde munkelt. Und zwar gehörig! Man wird einfach nicht schlau draus. Wo gemunkelt wird, fehlt es an Klarheit. Nein, wo gemunkelt wird, soll etwas im Unklaren bleiben. Munkeln geschieht offenbar auch immer passiv. Aktiv ist daran nur, wahrzunehmen, was gerade so gemunkelt wird. Und natürlich auch, die Mitteilung, bzw. die Weiterverbreitung dessen, was gemunkelt wird. Wenn gemunkelt wird, dann bezieht sich das immer auf einen anderen. Munkeln ist eine versteckte Geschichtenerzählerei. Es wird eine Geschichte über jemanden erzählt. Sie verbreitet sich, bis sie schließlich auch durch irgendjemandem, demjenigen/derjenigen erzählt wird, um den/die es im Wesentlichen geht. Der oder diejenige kann gar nicht selbst munkeln. Zumindest nicht in dieser Angelegenheit. Bis das Gemunkel bei ihm/ihr ankommt, geschieht es im Dunkeln.

Vielleicht handelt es sich beim Munkeln um ein altertümliches Funksystem zur Nachrichtenübermittlung. Etwa wie das heimliche Schreiben von Zettelchen in der Schule oder das Geben von Lichtzeichen mithilfe eines Spiegels. Im letzteren Fall würde es erklären, warum sich munkeln auch auf funkeln reimt. Hatte in früheren Zeiten das Munkeln eine wichtige Funktion zur echten Nachrichtenübermittlung, so ähnelt es heute oftmals eher einem Spiel aus dem Kindergarten, bei dem jemand seinem Nachbarn etwas ins Ohr flüstert und dieser es dem Nächsten weiter flüstert. Meist dient es der Belustigung, was bei dieser stillen Post am Ende herauskommt. Das Ganze ist nur ein Spaß und bleibt folgenlos.

Beim modernen Munkeln handelt es sich jedoch, zumal dies vielfach gezielt eingesetzt wird, um bewusst ausgesandte Fake-News! Es werden mit einer bestimmten Absicht gefälschte Neuigkeiten in die Welt gesetzt, die sich wie ein Lauffeuer ausbreiten, noch bevor sie auf ihre Richtigkeit bzw. Echtheit hin überprüft werden können. Sie erlangen allein durch die Häufigkeit des Auftretens ihre Glaubwürdigkeit. Heute gibt es technische Geräte zur gezielten, systematischen und vor allem beschleunigten Ausübung der Munkelei. Wenn auch das Munkeln nie ganz in Vergessenheit geraten ist, so erfreut es sich dank moderner Technik wieder einer großen Beliebtheit und Verbreitung. Während man früher allein auf die Weitergabe von Mund zu Mund angewiesen war, kann man beim modernen Munkeln immer im Farcen-Buch nachschauen.

57

In alten, vorindustriellen Zeiten führten Fehler in der Informationsübertragung häufig zu wahren Tragödien, die dann nicht selten den Stoff für Theaterstücke abgaben. Auch durch das papiergestützte Munkeln mit Hilfe von handschriftlichen Briefen, die sicherheitshalber versiegelt wurden, kam es oftmals zu Missverständnissen. So geriet das Munkeln mehr und mehr in einen schlechten Ruf. Dennoch wollte man nie ganz darauf verzichten. In Zeiten, in denen es weder Fernsehen noch Internet gab, konnten gerade auch diejenigen, die ihre Zeit nicht mit schwerer Arbeit verbringen mussten, durch das gezielt eingesetzte Munkeln ausdauernd aktiviert werden. Letztlich wurden ganze Schösser nur zu dem Zweck errichtet, damit die Adligen durch das Ausdenken ständig neuer Munkeleien unentwegt beschäftigt waren, weil sie sich gegenseitig bedrohten und beschmutzten. Dadurch konnten sie sich an ihrer Größe, ihrem Besitz, ihrer gesellschaftlichen Stellung und ihren heldenhaften Taten betören.

Einen wichtigen Beitrag zur Ausbreitung der Munkelei leisten die Zeitungen. Die sogenannte Regenbogenpresse ist unentwegt damit befasst, der Glorie eines längst vergangenen, aber immer noch legendären Törns im Taxi nachzueifern. Den größten Genuss bereitet es den Munkelmachern Hinweise auf Missgeschicke oder Peinlichkeiten von Personen, die als absolut unfehlbar gelten, unters Volk zu bringen und zu verbreiten.

Während sie selbst sicher im Dunkeln sitzen, verbreiten sie genüsslich ihre Sticheleien und können von allen unerkannt die Fäden der großen Politik ziehen. Wenn gemunkelt wird, haben sie die Hand im Spiel.

Munkeln ist für alle da,
Fallarie und Fallara.
Auch zum Nestbeschmutzen
kann man es benutzen.

Wenn man's gar nicht besser weiß,
macht man dir gern die Hölle heiß.
Munkelt hier und munkelt da,
es kommt doch kein Kommissar.

Beim Munkeln, beim Munkeln
da lässt sich's trefflich Schunkeln.
Beliebig andre mit Schmutz bespritzen
und selbst geschützt im Dunkeln sitzen.

Wir munkeln nah, wir munkeln fern,
Das Munkeln mögen wirklich alle gern,
Solange wir selbst nicht angemunkelt werden,
sind wir die glücklichsten Menschen auf Erden.

Das Munkeln entzündet die größten Flammen.
Und dennoch hält es unsere Welt zusammen.

Lassen Sie sich auch so gerne ins Bochshorn jagen?

Norbert Wickbold
Denkzettel Nr. 56

Lassen Sie sich auch so gerne ins Bochshorn jagen?

Ich finde, es ist durchaus nichts dagegen zu sagen, dass jeder seine Vorlieben hat. Wobei manche Menschen schon seltsame Vorlieben haben. Mir hatte mal jemand ein Platzset geschenkt. Na ja, das hätte ich selbst nie ausgesucht. Und schon gar nicht verschenkt. Jedenfalls war da ein Frosch drauf gezeichnet. Dieser Frosch hatte eine Maus zum Tee geladen. Das war ja nicht weiter schlimm. Als Zeichen seiner Gastfreundlichkeit reichte er ihr ein Gefäß entgegen, das wie ein Zuckerpott aussah. Aber dann sagte er mit einem breiten Grinsen zu der netten Maus:

»Nehmen Sie Fliegen in den Tee?«

Ich weiß nicht, was sich diese freundliche Maus wirklich gewünscht hätte. Auf jeden Fall wäre ich von dieser Einladung nicht sonderlich erbaut gewesen. Na ja, die Geschmäcker sind nun mal verschieden.

»Wat den eenen sin Uhl,
is den annern sin Nachtigall.«

Das versteht im Süden wahrscheinlich kein Mensch. Es bedeutet einfach, dass der eine ganz begeistert von etwas sein kann, und ein anderer findet es furchtbar schrecklich. Dann denke ich mir, ich wäre die Maus. Für manche Leute wäre es eine absolute Unhöflichkeit, wenn man in solchen Situationen freundlich aber bestimmt: *Nein Danke,* sagen würde. Denn dann wird man womöglich nie wieder eingeladen und wird auch

63

noch zum Gespött der ganzen Clique. Zum Glück sind mir bisher noch keine Fliegen zum Tee angeboten worden. Und dennoch musste ich im Laufe des Lebens schon so manche Kröte schlucken. Das kam nur, weil ich mich immer wieder gerne ins Bockshorn jagen ließ. Das war nämlich ein ganz spezielles Hobby von mir. Es gibt Leute, die geben viel Geld aus, um sich einen Geländewagen zu kaufen oder um auf Großwildjagd zu gehen. Das habe ich alles nie gebraucht. Zwar kam mir mein Hobby manchmal wirklich teuer zu stehen, aber grundsätzlich war es eine billige Sache. Und vor allem ganz leicht zu haben. Denn hierbei war ich nicht der Jäger, vielmehr ließ ich jagen. Und zwar mich selbst! Unglaublich, aber so machte es mir am meisten Spaß. Erst ließ ich mir so richtig Angst einjagen und bald konnte mich jeder ins Bockshorn jagen.

Als man mir damals sagte, Mensch, lass dich doch nicht ins Bockshorn jagen, dachte ich wirklich, das wäre ein Spiel. So etwas wie Mensch ärgere dich nicht. Sie wissen schon. Das Spiel, bei dem man sich ständig rausschmeißen lässt. Man muss immer wieder von vorne anfangen. Die einen sollen sich nicht ärgern, nur weil sie ständig rausgeschmissen werden, und die Gewinner sollen sich am Unglück der anderen freuen. Das sind dann die Sieger. Sie sind Sieger, weil die anderen Verlierer sind. Das ist wie im richtigen Leben. Diejenigen, die die geringste Mühe haben, bekommen den größten

64

Gewinn. Damals glaubte ich, es gehe beim Bockshornjagen anders zu. Eher wie im Märchen vom Hasen und
vom Igel. Während der Hase siegessicher durch die Gegend hetzt, triumphiert der listige Igel. Ich freute mich
jedes Mal auf den Augenblick, wenn es hieß:
Auf, auf, zum fröhlichen Bockshorn jagen!

Inzwischen ist, was das Bockshornjagen angeht, meine
Sturm- und Drang-Zeit vorbei. Ich habe im Lauf der
Zeit gelernt, dass es nur ganz selten wirklich klappt,
selbst der schlaue Igel zu sein, der dem Hasen erst Angst
und dann Beine macht. Meinetwegen können die Leu-
te ihre Vorlieben pflegen. Selbst wenn sie Fliegen oder
Würmer als Delikatesse ansehen. Ich sage mir immer,
solange man mich in Ruhe lässt, lass ich mich nicht ins
Bockshorn jagen und halte es mit Schiller:
»Leben und leben lassen.«

Ja und dann denke ich seit meiner Kindheit, bei dem
Wort Bockshorn immer an Schokoladeneis. Mein Vater hatte auf dem Tonband das lustige Lied von Bill
Remsey über den Mann vom andern Stern:
»Ja der Kerl der kam aus der Luft zu mir
und er hatte nur ein Auge und ein Horn dafür...«
Damals wäre ich gar nicht auf die Idee gekommen, dass
der Typ ein Bockshorn tragen könnte. Auf jeden Fall,
wirkte der auf den Sänger zunächst angsteinflößend.

65

»Oh ich dachte Junge, das ist gar nicht fein
denn der rennt dir jetzt sein Horn ins Bein.«

Ich war selbst noch ein kleiner Junge. Ja und dann dachte ich oft, dass mir bestimmt etwas Schlimmes passieren würde. So ängstlich, wie ich damals noch war, konnte mich jeder ins Bockshorn jagen. Und tatsächlich haben das auch viele Leute getan. Aus lauter Angst davor, aus Angst vor diesen Leuten und aus Angst vor meiner Angst, zog ich mich immer mehr zurück. Bald kam ich mir selbst so vor, als käme auch ich von einem andern Stern. Doch wenn ich mich mal nicht ins Bockshorn jagen ließ, nahm die Geschichte eine für mich ungeahnte und meist sogar angenehme Wendung. In dem Lied hieß es weiter:

»...das tat er nicht und er fragte leis:
Wie wär's mit einem Schokoladeneis?«

Also, alles halb so schlimm. Ich sage nur: Bange machen gilt nicht! Ich weiß nicht einmal, ob der Fremde aus dem All tatsächlich ein Bockshorn trug. Wahrscheinlich hatte der sich einfach selbst als Gag eine Eiswaffel aufs Auge gedrückt. Vielleicht ist das Ganze ja auch andersherum zu verstehen. Als ich neulich in einem naturkundlichen Museum so ein abgesägtes, gedrehtes Bockshorn sah, stellte ich mir das überdimensional groß vor, sodass ich in das Innere hineinlaufen könnte. Der Weg würde sich immer mehr winden und immer enger werden, bis es einfach nicht mehr weiter ginge.

Bei der folgenden Geschichte geht es aber wirklich um Bockshörner. Neulich las ich in der Zeitung von einer ungewöhnlichen Beziehung unter Tieren. In einem Zoo in Russland wurde ein Ziegenbock ins Gehege eines sibirischen Tigers gelassen. Doch statt diesen zu fressen, freundete er sich mit ihm an. Die Menschen waren begeistert und schwärmten von dieser besonderen Freundschaft. Tiger und Ziegenbock sah man fortan unzertrennlich Seite an Seite gehen. Der Tiger, für den es gewöhnlich unter seiner Würde ist, einen Ziegenbock nicht als Beutetier zu behandeln, versuchte sogar diesem, das Jagen beizubringen und bot ihm Schutz durch seine starken Pranken. Tiger haben es wirklich nicht nötig Hörner zu tragen, um eine würdevolle Erscheinung zu haben. Der gehörnte Ziegenbock wurde allmählich übermütig und fing tatsächlich an, den ungleich stärkeren Partner zu piesacken. Doch als der Ziegenbock dem Tiger mehrmals sein Bockshorn in die Seite rannte, war seine Geduld am Ende. Er stieß ihn mit einem würdevollen Prankenhieb von sich fort und den Fels herunter. Nach diesem Vorfall und der allmählichen Genesung des Ziegenbocks bezogen beide getrennte Gehege und gründeten mit artgemäßen Partnerinnen ihre Familien. Der Ziegenbock

67

war schließlich an den Folgen des Sturzes gestorben. Die Menschen feiern ihn inzwischen als Helden, weil er so mutig gewesen sei. Vielleicht hatte der Ziegenbock seiner Art gemäß den Partner zum spielerischen Kampf animieren wollen. Ziegenböcke führen untereinander derartige Kämpfe auf, wobei sie dem anderen ihre Bockshörner in die Seite rennen oder ihm damit vor den Kopf stoßen. Der Ziegenbock war also nicht in der Lage, aus seiner Rolle zu fallen. Er behandelte den Tiger als seinesgleichen. Dabei verkannte er die Situation. Der Tiger hatte es gar nicht nötig, sich ins Bockshorn jagen zu lassen. Er war sich seiner Würde wieder bewusst geworden und beendete mit einem Seitenhieb die Bockshornjagd. Die Würde des Tigers blieb gewahrt.

Sich-ins-Bockshorn-jagen-Lassen bedeutet wörtlich genommen, dass man sich in die Enge oder in die Irre treiben lässt und schließlich selbst in die Falle – hier durch das Horn des Ziegenbocks symbolisiert – hineinläuft. Wie sich jeder vorstellen kann, ist das äußerlich, wie innerlich gefährlich. Wer sich derart verunsichern lässt, rennt oft selbst in sein Verderben.

In der Geschichte aus dem Zoo widerfährt das dem Ziegenbock selbst. Dass dieser fast paradiesisch anmutende Friedensschluss zwischen Jäger und Beutetier auf Dauer nicht glückte, ist sicher nicht neu. Das passiert nicht nur zwischen den verschiedenartigen Tieren, sondern auch unter den Menschen, die zwar viele Eigenarten haben, dennoch alle von einer Art sind. Obwohl wir Menschen uns äußerlich manchmal sehr unterscheiden, sind wir biologisch, sehr eng miteinander verwandt. Grundsätzlich sind wir dazu in der Lage, einander zu verstehen – und uns zu vertragen. Zwar gibt es immer wieder Leute, die allen anderen ihre Vorstellungen aufdrängen wollen und sie allzu gern ins Bockshorn jagen wollen. Hierzu noch einmal Schiller:

»Es kann der Frömmste nicht in Frieden leben,
wenn es dem bösen Nachbarn nicht gefällt.«

Auch davon sollte man sich nicht ins Bockshorn jagen lassen. Meine Antwort ist schlicht und einfach:

»Geh dem Bockshorn nicht in die Falle.
Sei würdevoll und zeig ihm deine Kralle.«

Seit dem ich mich nicht mehr (so leicht) ins Bockshorn jagen lasse, kann ich vom Leben auch die Schokoladenseite genießen. Und wenn es mir wieder mal gelungen ist, mich nicht ins Bockshorn jagen zu lassen, dann freue ich mich wie ein kleiner Junge und singe einfach mit dem Lied von der Schallplatte meine Angst weg:

»Er war der Wumba-Tumba-Schokoladeneisverkäufer
Wumba-Tumba-Schokoladeneisverkäufer
Wumba-Tumba-Schokoladeneisverkäufer
von dem ander'n Stern.«

Sind Sie schon mal aus allen Wolken gefallen?

Heilkunst und FarbenPracht©

Norbert Wickbold
Denkzettel Nr. 57

Sind Sie schon mal aus allen Wolken gefallen?

Jetzt möchte ich mal eine etwas ungewöhnliche Frage an Sie richten: Sind Sie schon mal aus allen Wolken gefallen? Ich hoffe, dass ich Sie nicht derart überrascht habe, dass Ihnen durch meine anmaßende Frage genau das gerade passiert ist. Dafür kann ich natürlich keine Verantwortung übernehmen. Mir ist das jedenfalls schon öfters passiert. Na ja, natürlich nicht wirklich, aber im übertragenen Sinne oder besser gesagt, im sprichwörtlichen Sinne. Immer wenn ich gerade dabei bin, mich auf der Wolke Nummer Sieben einzurichten, dort gemütlich Platz zu nehmen, um im nächsten Augenblick davon zu schweben, trifft mich der Blitz aus heiterem Himmel, der mich unvermittelt aus allen Wolken fallen lässt. Neulich klang es mir im Ohr. Das Lied von Reinhard May:

»Über den Wolken muss die
Freiheit wohl grenzenlos sein.«

Wahrscheinlich haben das die Techniker im Ohr gehabt, als sie die Cloud entwickelten. Die Wolke. Sie wissen schon: Man schickt all seine Daten, Gedanken, Bilder, Filme usw. einfach in die Wolke. Und wenn man sie wieder braucht, kann man seine Wolke, bzw. die darin befindlichen Daten wieder zu sich herunter holen. Und alle Freunde können auch gleich auf dieser Wolke mitschweben. Es ist erstaunlich, was diese Cloud alles erfassen kann.

Ist ja so praktisch und bequem. Ich brauch mich um nichts mehr zu kümmern, hab meinen Schreibtisch immer aufgeräumt und kann doch jederzeit auf alles zugreifen, was immer ich will und wann immer ich es will. Manche befürchten, es könnte ein Datenleck geben. Also, dann hätte die Wolke ein Loch, aus dem alles herausfließt. Bei den richtigen, sprich analogen Wolken nennt man das Regen. Und der fällt meist einfach wann und wo es der Wolke gefällt. Ja was wäre, wenn diese Cloud völlig ungefragt all ihre Daten einfach irgendwo abregnen ließe? Oder wenn es da jemanden gäbe, der heimlich als Regenmacher fungierte? Dann wären die Daten alle weg, und keiner wüsste wo sie geblieben sind. Außer diesem einen! Oder es regnen jemanden völlig Ahnungslosen die Fotos von Omas Geburtstagsfeier in die gute Stube, oder womöglich Ihre heimlichen Aufnahmen von... Wie fänden Sie das? Psst! Um Gottes willen, bloß nicht! Das wäre wirklich doof, wenn so was in die falschen Hände gelangen würde.

In dem alten Filmschinken, von der Feuerzangenbowle gibt es die Szene, wo der Lehrer mit großem Aufwand einen Film vorführen will, und offenbar statt des Lehrfilms einen privat gedrehten Film zeigt. Für den Lehrer ist das höchst peinlich, zumal er sich dadurch vor seiner ganzen Klasse lächerlich macht. Aber was ist solch ein Missgeschick, das uns schmunzeln lässt, gegen die denkbaren und doch lieber undenkbaren Katastrophen,

die heute mit unseren Daten in der Cloud passieren
können? Die Cloud hat unser Leben praktisch auf
den Kopf gestellt. Heute sagt man nicht mehr, etwas
sei in aller Munde, sondern in allen Clouds. Da frage
ich mich manchmal: Leben wir noch auf der Erde oder
schon in der Cloud? Im Englischen sagt man zu so jemanden, er habe seinen: *Head in the Cloud*, was man
bei uns früher einem Hans-Guck-in-die-Luft nachsag-
te. So jemand galt als Luftikus oder man nannte ihn,
einen lebensuntauglichen Träumer. Inzwischen gilt es
als überlebensnotwendig in der Cloud zu sein.

Plötzlich lässt mich ein Schreck zusammenzucken:
Um Gottes willen! Was macht ihr denn? Ist die Cloud
denn der neue Himmel? Ist der Himmel nicht allein
Gottes Reich? Ist nicht alles, was im Himmel geschieht,
Gottes Wille? Und setzte Gott den Menschen nicht
auf die Erde, damit er dort seinen Willen tue? Wer
will das heute noch? Schließlich heißt es ja auch: Des
Menschen Wille ist sein Himmelreich. Kann denn auf
der Wolke wirklich jeder machen, was er will? In seiner
Wolke schon. In meiner Wolke bin ich Kapitän!

Manchmal träume ich, ich wäre wie der liebe Gott.
Dann könnte ich selbst andere aus den Wolken fallen
lassen. Ich würde mir gleich all die fiesen Leute in den
Himmel holen, die den armen Menschen die Leistun-
gen gekürzt und ihnen ein menschenwürdiges Leben
vorenthalten haben. Aber nicht, damit sie dort weiter

wie im Himmel leben könnten. Ich würde ihnen kurzerhand all ihre Talente und Vorteile, ihre makellose Schönheit und Gesundheit, die sie einst von mir (jetzt spreche ich in der Funktion des Stellvertreters vom lieben Gott) bekommen hatten, wieder abnehmen. Dann würde ich sie, so nackt und mittellos, wie sie danach wären, wieder auf die Erde setzen, und zwar mitten in die von ihnen geschaffene Welt. Dann wären sie keine Besserverdiener oder gar VIPs mehr, sondern schlicht und ergreifend nur arme unter Armen. Sie dürften sich durchaus noch an ihr bisheriges Leben erinnern, aber das würde ihnen rein gar nichts mehr nützen. Sie wären ganz und gar auf sich selbst gestellt. Nur jetzt ohne Talente, ohne Geld, ohne Zuhause, ohne Freunde. Nichts würde sie von den anderen abheben. Selbst wenn sie alte Freunde und Bekannte ansprächen, es würde ihnen nichts nützen. Niemand würde sie kennen. Und wären sie auch kurz zuvor noch Präsident der Vereinigten Staaten von Amerika gewesen. Ja, ich glaube, die würden sich wahrhaftig so vorkommen, als seien sie plötzlich aus allen Wolken gefallen. Denn nun müssten sie tatsächlich unter diesen miserablen Bedingungen ohne Netz und doppeltem Boden ihr weiteres Leben fristen. Sie müssten in dem Dreck leben, den sie selbst einst für andere bestimmt hatten. Ja so was träume ich immer dann, wenn ich wieder mal denke, dass es auf der Welt einfach nicht gerecht zugeht. Aber der liebe Gott

76

macht so was, wie ich finde – leider – nicht. Und mich hat er auch nicht zu seinem Helfer in dieser Angelegenheit ausgewählt. Somit bleibt den Reichen auch weiterhin ein Sturz aus den Wolken erspart. Uns, die wir hier unten in den Niederungen des Lebens vom Aufstieg träumen, bleibt nur sehnsuchtsvoll zu singen:

»Über den Wolken muss die
Freiheit wohl grenzenlos sein.«

Unter den Menschen gibt es aber durchaus einige, die das machen. Ich meine, die lassen absichtlich andere aus allen Wolken fallen. Und zwar ganz und gar ohne Gerechtigkeitssinn. Und auch ohne irgendeinen Skrupel. Die haben da nicht nur ihren Spaß dran, vielmehr ist das sozusagen ihr Geschäftsmodell. Das sind die Leute, die ständig diese dubiosen Anrufe tätigen. Von wegen, da ist ein guter Bekannter in Not und braucht Geld. Und zwar Bares. Von Ihnen. Sofort! Da müssten bei Ihnen doch sofort alle Alarmglocken läuten! Tun sie aber all zu oft nicht. Aufwachen, Gefahr in Verzug! Ja leider wachen manche erst auf, wenn alles zu spät ist. Und wenn ihnen klar wurde, welchen Betrügern sie aufgesessen sind, fallen sie wirklich aus allen Wolken. Und der Aufprall, der dann folgt ist hart. Der tut richtig weh. Besonders dem Portemonnaie.

Obwohl ich wohl ein unverbesserlicher Träumer bin, in den Wolken spaziere ich dann doch lieber nicht. Da lass ich mich nicht drauf ein. Auch wenn es angenehm ist, wie auf Wolken zu gehen, weiß ich doch, wie tief ich dann fallen kann. Manche behaupten deshalb, ich sei nicht von dieser Welt. Nein ich kann mir einfach nicht vorstellen, dass das gut geht. Ich schaue mir an, was die Mächtigen dieser Welt alles für Ideen haben. Etwa bei der Arbeit. Wer sich in den virtuellen Welten nicht auskennt, hat heute kaum noch Chancen beruflich hochzukommen. Wer nur von bodenständigen, praktischen Dingen spricht und sich womöglich noch auf seine langjährigen Erfahrungen beruft, wird heute ausgelacht, wie schon eh und je die Träumer. Denn heute steckt das Know-how nicht mehr in den Köpfen, sondern es befindet sich alles schön praktisch in der Cloud, die über allem erhaben schwebt.

Praktisch ist das natürlich schon. Das zeigt sich, wenn diejenigen, die ihr Know-how noch im eigenen Kopf herumtragen, dem Wissen aus der Cloud Konkurrenz machen. Dann fällt ein Chef und mit ihm vielleicht ein ganzes Unternehmen aus allen Wolken. Und die Aktienkurse stürzen gleich mit ab. Dann sind es nicht nur vereinzelte Portemonnaies, die dann weinen.

Das Schlimmste was passiert, wenn man aus allen Wolken fällt, ist, dass fortan der Abwärtstrend rapide ansteigt. Das ist dann praktisch unumkehrbar. Aus allen Wolken fallen immer die Leute, die etwas bisher nicht wahrhaben wollten und nun erkennen müssen, dass sich die Wirklichkeit nicht nach den eigenen

Wunschvorstellungen gerichtet hat. Und nicht nur das. Die Realität weicht dermaßen stark davon ab, dass das Einströmen der unerwarteten Wirklichkeit sehr abrupt vonstatten geht.

Früher hat man vielleicht mal aufs falsche Pferd gesetzt und ist dann aus dem Sattel gefallen. Das tat weh, war aber meist zu verkraften. Wer heute in die falsche Wolke seine Daten, sein Geld und seine ganze Hoffnung setzt, kann richtig abstürzen. Das wäre sozusagen ein Potenzialausgleich und würde den Betreffenden wie ein Blitz aus heiterem Himmel treffen. Derart niedergeworfen kommen diese Leute, auch wenn sie da oftmals große Berührungsängste haben, unvermittelt auf dem Boden der Tatsachen an. Und der damit verbundene Aufprall ist meist sehr schmerzhaft. Unten angekommen, kann man sich ja das schöne Lied von Nicole anhören:

»Flieg nicht zu hoch, mein kleiner Freund!«
Wenn sich die analogen Wolken zu stark anhäufen, kommt es zu einem kräftigen Gewitter, bei dem sich alles wieder entlädt. Ob sich die Clouds auch ab und zu durch ein digitales Gewitter entladen, bleibt abzuwarten. Ich bin jedenfalls gespannt, wer dann alles aus den Wolken fällt. Na ja, vielleicht gibt es dann ja wieder so einen praktischen Rettungsschirm. Der müsste allerdings so beschaffen sein, dass wir das ganze auf uns niederregnende Geld auffangen können. Fragt sich bloß, wer den wohl für uns halten will.

Soll ich Ihnen die Flötentöne beibringen oder muss ich Ihnen den Marsch blasen?

Heilkunst und FarbenPracht©

Norbert Wickbold
Denkzettel Nr. 58

Soll ich Ihnen die Flötentöne beibringen oder muss ich Ihnen den Marsch blasen?

Jetzt muss ich mich gleich mal entschuldigen. Im letzten Denkzettel hatte ich mich darüber beschwert, dass der liebe Gott niemals jemanden aus allen Wolken fallen lassen würde. Dabei würden mir wirklich eine Menge Menschen einfallen, die ich gerne mal... Aber lassen wir das. Für Menschen trifft das wahrscheinlich schon zu, dass Gott sie nicht so ohne Weiteres aus allen Wolken fallen lässt. Aber die Engel können sich da nicht so sicher sein. Von denen hat er offenbar schon einige aus seinen himmlischen Palast geschmissen. Obwohl das so gar nicht zu meiner Vorstellung von Gott passen will. Für mich ist er nun mal der *liebe* Gott. Schon als ich ein kleiner Junge war, erzählten mir die Menschen Geschichten vom *lieben* Gott. Inzwischen kommt mir das etwas kindlich vor. Dabei bezeichnen durchaus nicht nur Kinder Gott als *lieben* Gott. Und doch kann ich mir das nicht so recht vorstellen, dass Gott immer, also praktisch unentwegt, lieb ist. Wenn er wirklich die Menschen nach seinem Ebenbild geschaffen hat, dann müsste er doch auch ab und zu selbst mal aus der Haut fahren. Schließlich ist er der Erste, der die Nachrichten von allem, was die Menschen hier auf Erden treiben bekommt. Seit Anbeginn hat er sein eigenes Internet, wodurch er mit allem Geschehen verbunden ist.

Ich kann mir kaum vorstellen, dass Gott dabei nicht ab und zu mal den heiligen Zorn bekommt. In biblischen Zeiten soll das ja wirklich oft vorgekommen sein. Damals ließ er die Menschen unter seinen Donnerworten erzittern. Und das nicht zu knapp. Da war Gott gar nicht zimperlich. Da hatte er noch ziemlich raue Sitten und Erziehungsmethoden. Ich sage nur: Sodom und Gomorra, Turmbau zu Babel. Und gerade bei den heutigen Wetterkapriolen denke ich an die sintflutartigen Regenfälle, mit denen er all die Schlechtigkeit unter den Menschen ausrotten wollte. Danach hatte er geschworen, er wolle zwischen sich und den Menschen fortan ein unzertrennliches Band der Liebe spannen. Aber zu Moses Zeiten schickte er die sagenhaften zehn Plagen, um das harte Herz des Pharaos zu erweichen. Die Geschichte ist allerdings schon so lange her, dass sich heute selbst manche Gutgläubige gerade mal noch an sieben Plagen erinnern können.

Und während Gott im Himmel den Engeln, schon seit ewigen Zeiten die lieblichsten Flötentöne beibringt, musste er den Menschen auf Erden immer mal wieder, zwar meist nur kurzfristig, aber dann ganz schön heftig, den Marsch blasen. Wenn das passiert, kann das im wahrsten Sinne des Wortes erschütternd sein, wie damals, als er mit Pauken und Trompeten die Mauern von Jericho erzittern ließ, sodass diese ohne Weiteres allesamt einstürzten.

Doch auch im Himmel herrscht nicht nur unendlich himmlischer Friede. Es kommt nämlich immer mal wieder vor, dass einer der Engel nicht bereit ist, dem Herrn bedingungslos zu folgen. Meist fängt es damit an, dass ihm mit der Zeit langweilig wird. Wenn der schon seit einer Ewigkeit unentwegt nur jauchzend und frohlockend auf seiner Harfe zu den göttlichen Flötentönen spielte und ab und zu ein inbrünstiges Halleluja von sich gab, erinnert er sich vielleicht wieder an die Freuden seines irdischen Lebens. Er denkt sich vielleicht, auf Erden war ich doch auch selig. Wenn auch nur bierselig; im Hofbräuhaus – oder wo er eben damals war. Ich bin dem Ludwig Thoma so dankbar für den Bayern im Himmel. Dann legt er die Harfe beiseite, schnappt sich die Flöte und spielt seine eigene Musik. Es dauert nicht lange, dann versucht er, die anderen Engel dazu zu bringen, ihm nach der Pfeife zu tanzen. Und nicht nur das. Er versucht sogar, ihnen gehörig den Marsch zu blasen. Ja und das kann der hohe Herr natürlich nicht dulden und so fliegt der Störenfried dann hochkantig raus. Peng! Zur Strafe werden ihm erst einmal die Flügel gestutzt und er bekommt dafür zwei dezente Hörnchen an die Stirn. Die fallen kaum auf. Aber in den Himmel kommt der so gezeichnete Engel nicht mehr! Für ihn ist das himmlische Leben auf jeden Fall vorbei. Mit Engelstrompeten wird er aus den Himmel geworfen. Und dann fällt er wirklich aus allen Wolken. Ein

Cherubim wacht darüber, dass er nicht zurückkommt. Und wo landen all die gefallenen Engel? Na wo wohl? Natürlich landen die alle bei uns. Auf der Erde. Bei den ahnungslosen Menschen. Wir müssen sehen, wie wir mit denen fertig werden.

Bis vor Kurzem glaubte ich, ich hätte einen Schutzengel, der mir beisteht und mich auf meinem Weg begleitet. Nur meistens fragte ich mich, wo der gerade steckt. Immer wenn es brenzlich wurde, war von dem nichts zu merken. Er ließ sich nicht sehen, nicht hören und nicht spüren. Ich habe lange nicht verstanden, warum der so selten in Erscheinung getreten ist. Inzwischen weiß ich, dass gerade dann auch noch der eine oder andere kleine Dämon seine Hand mit im Spiel hatte. Und das verrückte ist, den oder die habe ich bei der Gelegenheit die ganze Zeit in meinem Gepäck mitgeschleppt. Auch die Dämonen sind daran beteiligt, meinen Weg zu bereiten. Doch dies tut sie auf ihre Weise. Während mein Schutzengel meine Ideen in den höchsten Flötentönen lobt, können es meine Dämonen nicht abwarten, mir so richtig den Marsch zu blasen. An ihnen komme ich nicht vorbei, denn sie verstellen mir, wo sie nur können, den Weg. Ihr größter Spaß ist es, mir das Leben schwer zu machen. Und sie wissen ganz genau, wie das geht. Sie wissen, worüber ich mich ärgere, wovor ich Angst habe und womit ich meine Schwierigkeiten habe. Sie kennen alle meine Gefühle. Und die Gefühle, die ich selbst

86

nicht kenne, die kennen sie am besten. Da glaube ich an das Gute in der Welt, zumindest in der göttlichen Welt, und dann schickt mir der liebe Gott lauter gemeine Dämonen. Selbst im Traum höre ich, wie die mir in den Ohren liegen und mir gehörig den Marsch blasen.

Und wenn so ein gefallener Engel gerade bei uns aufschlägt, hält er oft sogar noch die Flöte in den Händen. Da hat der noch die lieblichsten Töne drauf. Schon bald versammelt er, wie einst der Rattenfänger von Hameln, eine ganze Scharr gutgläubiger Erdenbürger um sich herum. Anders als es bei den makellosen Engeln war, kann er Menschen wie mich – und vielleicht auch Sie? – fast spielend leicht nach seiner Pfeife tanzen lassen. Die gefallen Engel denken sich einfach: Wenn nicht im Himmel, dann eben auf Erden. Das macht denen viel mehr Spaß, als nur von Ewigkeit zu Ewigkeit Halleluja zu singen. Im Himmel braucht man Flügel, aber auf Erden lässt man sich besser Hörner wachsen. Dann kann man die Leute hier so richtig ins Bockshorn jagen. Aber davon war ja schon die Rede. So jemanden wie mich fanden die gehörnten Engel richtig toll, weil ich einfach alles mit mir machen ließ, ihnen ganz zum Wohlgefallen. Ich war so leicht zu verführen. Ganz egal wofür. Und wenn ich tatsächlich mal nicht nach ihrer Pfeife tanzen will, wird mir sogleich der Marsch geblasen! Da lacht der Teufel und der Herrgott wundert sich. Ja der muss sich wirklich wundern, dass es den Dämonen und

Teufeln hier auf Erden so einen höllischen Spaß bereitet, die Menschen wo sie nur können, zu triezen, zu piesacken und zu verführen. Aber sie sind nun mal gefalle-
ne Engel, eben weil sie längst vom Glauben an das Gute
und den lieben Gott abgefallen sind. Sonst wüssten sie,
dass alles, was sie hier mit mir oder mit Ihnen anstellen
selbstverständlich zum großen göttlichen Plan gehört.
Glaubt doch bloß nicht, dass Gott sich ins Handwerk
pfuschen lässt. Schon gar nicht von solchen großtue-
rischen A... Also das Fluchen hat Gott sich übrigens
schon vor Ewigkeiten abgewöhnt. Ein weiser Entschluss. Ihm entgeht es natürlich nicht, dass nicht nur
viele Menschenkinder ihn als den lieben Gott anbeten,
sondern auch diejenigen, die längst erwachsen geworden sind. So hat er einen folgenschweren Entschluss
gefasst. Wenn Gott in sich geht, vernimmt er deutlich
den göttlichen Rat, dessen Quelle er selbst ist. So ent-
schied er, nur noch in Liebe mit jedem einzelnen Menschen umzugehen und so seinem Namen alle Ehre zu
machen. So soll es nun sein, den Menschen zum Wohlgefallen. Deshalb bleibt die lichte Seite aller Ereignisse
und Geschehnisse unter den Menschen und auf Erden
allein ihm vorbehalten. Und da er den Menschen auch
weiterhin Botschaften übermitteln muss, auch wenn
diese nicht immer angenehm sind, erfand er eine Art
Jobsharing. Für die sogenannten bösen Taten sandte er
Dämonen und Teufel zu den Menschen. Doch nicht,

damit die nach Belieben schalten und walten können, wie sie wollen. Vielmehr bekommen sie einen geheimen göttlichen Auftrag, damit sie als göttliche Gesandte den entsprechenden Menschen eine Lehre erteilen. Die göttlichen Maßnahmen sollen bewirken, dass die Person durch die auferlegten Erschwernisse und Anstrengungen die Möglichkeit bekommt, zu wachsen.

Somit finde ich es nicht mehr verwunderlich, wenn ich als leidgeprüfter Mensch trotz der vielen, flehenden Gebete an den lieben Gott, von diesem scheinbar nicht erhört werde. Denn was sich der liebe Gott vorgenommen hat, das führt er auch zu Ende. Leider habe ich sehr lange gebraucht, um zu verstehen, was mit mir geschah, eh ich mich versah. Vor lauter Getöse vom vielen Marschgeblase habe ich die Engel nicht mehr singen hören. Auch mein Schutzengel wurde regelmäßig übertönt. Ich weiß schon, warum mir die laute Gesellschaft immer unangenehm war. So konnte mir mein Schutzengel nie die leisen Flötentöne beibringen.

Jetzt weiß ich auch, warum die Leute früher immer zu mir gesagt hatten, ich sei ein Engel mit einem B davor. Die meinten gar nicht mich, sondern meinen Dämon. Das dauerte eine ganze Zeit, bis ich den auch sehen konnte. Seit dem ich meine Lektionen gelernt habe, brauche ich niemanden mehr, der mir den Marsch bläst. Ich kann fortan im Theater meines Lebens selbst auf der Bühne stehen und selbst den Ton angeben.

Gehen Sie mit der Zeit

oder

sind Sie aus der Zeit gefallen?

Heilkunst und FarbenPracht©

Norbert Wickbold
Denkzettel Nr. 59

Gehen Sie mit der Zeit oder sind Sie aus der Zeit gefallen?

Schon alleine der Spruch: *Gehen Sie mit der Zeit,* ist altmodisch, also nicht mehr zeitgemäß, denn heute verfliegt die Zeit so schnell, dass es kaum noch jemanden gibt, der ihr folgen kann. Zu Fuß kommt da jedenfalls keiner mehr hinter her. Da ist es durchaus kein Wunder, dass es immer mehr Menschen gibt, die hinter der Zeit zurückbleiben. Und dann dauert es nicht lange, bis man von ihnen sagen kann, sie seien aus der Zeit gefallen. Aber geht das überhaupt? Jemand kann aus dem Bett fallen oder mit der Tür ins Haus. Ich stelle mir immer vor, wie jemand ganz gemütlich in der Hängematte liegt und schläft. Wenn der versucht sich umzudrehen, dann fällt er aus seiner Gemütlichkeit ins harte Leben. Aus der guten Zeit in die schlechte Zeit. Logischerweise kann nur derjenige aus der Zeit fallen, der erst einmal in der Zeit ist. Und tatsächlich sagen manche Planer, die ja tagtäglich mit der Zeit umgehen müssen, sie lägen ganz gut in der Zeit. Heißt das, wenn sie schlecht in der Zeit lägen, würden sie tatsächlich aus der Zeit fallen? Das auch wieder nicht, denn dann sagen sie einfach lapidar: Wir liegen etwas hinter der Zeit zurück. Aber das holen wir schnell wieder auf. Und es scheint tatsächlich auch einige wenige zu geben, denen es gelingt – zumindest zeitweise – ihrer Zeit weit voraus zu sein. Seltsamerweise fällt das den Zeitgenossen erst im Nachhinein auf, eben wenn sie dann irgendwann auch in der Zeit angekommen sind, wo der schon längst war. Wobei sie nicht bemerken, wie weit sie selbst, oft schon seit Jahren, der Zeit hinterherhinken. Seit gut vier Monaten hält ein neuer Virus die ganze Welt in Aufruhr. Die meisten Menschen wären froh, wenn sie endlich wieder so weiter leben könnten, wie vorher. Sie haben den Eindruck, dass sie, und zwar völlig unverschuldet, aus der Zeit gefallen sind. Andere sind davon überzeugt, dass nun der längst fällige Wandel hin zu einer besseren Zeit vollzogen werden müsse. Wer ist aus der Zeit gefallen, und wer lebt in einer anderen Zeit?

Solange ich denken kann, existieren Menschen mit Führungsanspruch, besonders in Politik und Wirtschaft. Die erklären uns gerne, sie wären für unsere Zukunft zuständig, wobei sie steif und fest behaupten, *sie* könnten uns eine bessere Zukunft bieten. Um dahin zu gelangen, müssten *wir* allerdings einiges tun. Dazu sei noch eine Menge Arbeit erforderlich. Denn heute erschaffen *sie* die Welt von morgen. Eben unsere Zukunft. Obwohl ständig an der Zukunft gearbeitet wird, bleiben die Menschen immer weiter zurück, sie hinken praktisch unentwegt hinterher. Und ob die Zukunft dann tatsächlich das ist, was sie mal war, als sie uns von diesen Leuten angepriesen wurde, ist heute nur noch schwer nachvollziehbar. Um das überprüfen zu können, fehlt uns einfach die Zeit, zumal wir schon ewig an der Zukunft von morgen arbeiten. Ist Ihnen das auch schon aufgefallen? Ich meine, die einen *sind* in der Zeit, oder eben auch nicht, und die anderen *haben* Zeit, oder auch nicht.

So gibt es Leute, die fasziniert von den Theorien und Ideen der modernen Wissenschaft sind. Doch weil die Wissenschaft die Lösung so vieler Probleme heute einfach nicht finden kann, glauben sie an die goldenen Zeiten, die auf uns eines Tages zukommen werden, wenn die Wissenschaft erst einmal so weit sein wird. Ja und das kann ja nur in der Zukunft sein. Das goldene Zeitalter liegt in der Zukunft oder in der Welt von morgen, also im Morgenland. Dabei denke ich an die Weisen aus dem Morgenland und an die Strophe aus dem Weihnachtslied: *Es ist für uns eine Zeit angekommen, die bringt uns eine große Freud.*

Schon damals wurde verkündet: Die Zeit wird kommen. Müssen wir noch warten? Jetzt weiß ich gar nichts mehr. Müssen wir zur Zeit gehen, rennen, eilen oder kommt die Zeit einfach zu uns? Vielleicht kommt die ja sogar, wenn wir stehen bleiben. Die Zeit selbst bleibt jedenfalls nicht stehen. Das ist sicher – oder nicht?

In einem anderen Lied kommt die schöne Zeit in einem Schiff daher: *Ein Schiff wird kommen, und das bringt mir den einen...* Da habe ich doch neulich bei einer Schifffahrt über den Bodensee zufällig zugehört, wie ein Vater seinem Sohn die Regeln der Schifffahrt erklärte. Er sagte, diejenigen, die damit Geld verdienen, haben Vorfahrt und die anderen müssten warten. Das sei, damit die Kapitäne der großen Schiffe keine Zeit verlieren. Der Sohn sah den Vater an und fragte sogleich: Papa, was ist »*keine Zeit verlieren?*«

Ich bekam es leider nicht mehr mit, wie der Vater dem Sohn diese Frage beantwortete. So bleibt mir nichts anderes übrig, als mir selbst eine geeignete Antwort dazu zu suchen. Ich bin zwar nicht der Sohn, von dem hier die Rede war, aber wissen möchte ich das auch zu gerne. Und wenn ich ehrlich bin, möchte ich vor allem wissen, wie ich dahin kommen kann, auch als Erwachsener so unbekümmert und so ahnungslos im Umgang mit der Zeit zu sein, wie dieser Junge.

Im Allgemeinen habe ich eher das Gefühl, keine Zeit verlieren zu dürfen, obwohl ich gleichzeitig davon überzeugt bin, gar keine Zeit zu haben. Immer öfter sage ich zum Beispiel, es sei jetzt nicht die Zeit dafür. Oder ich glaube, es gäbe für bestimmte Handlungen und Ereignisse einen richtigen Zeitpunkt. Ja und der würde irgendwann schon kommen. Und während ich geduldig darauf warte, heißt es auf einmal, die Zeit sei vorbei oder sie sei sogar schon zu Ende. Dann habe ich den Moment verpasst! Hätte ich doch mit der Zeit gehen sollen? So steht die Frage im Raum: Gehe ich *mit* der Zeit?, oder *gehe* ich – mit der Zeit?

Ja und noch eine Doppelsinnigkeit fällt mir zum Thema Zeit ein. Es gibt nämlich immer noch Menschen,
die so einen Zeitmesser bei sich tragen. Während man
früher auf die Armbanduhr schaute, kommt die Uhr-
zeit inzwischen auf dem Smartphone angewischt. Sie
ist jedenfalls auf Schritt und Tritt dabei. Die Zeit ist
überall verfügbar. Ja und durch sie sind auch wir verfügbar geworden – und zwar jederzeit. Längst ist der
Zeitmesser zum wirklichen Zeit-Messer geworden, mit
dem die Zeit in immer kleinere Stücke oder Einheiten
zerschnitten wird. Und wir selbst lassen uns genauso
einteilen und zerschneiden. Bis mal jemand völlig ge-
stresst und missmutig ausruft: *Ich kann mich doch nicht
zerschneiden?*

Immerhin, das ist ihm wenigstens aufgefallen. Gilt das
denn nicht ebenso für die Zeit? Kann man Zeit wirklich einteilen, aufteilen und zerteilen? Kann man Zeit
erreichen, aufhalten oder ihr folgen? Wozu, bzw. wem
soll das dienen? Auch auf diese Frage bekam ich zufällig
eine Antwort. Ein Ehepaar ging eilig durch die Straßen.
Dann blieb die Frau stehen und sagte in großer Unru-
he: *»Großer Gott, ich weiß gar nicht, wie spät es ist!«*
Der Mann antwortete seelenruhig: Wenn du mit dei-
nem Herzen dabei bist, brauchst du keine Zeit.

Ich frage mich nur, wie es kommen kann, dass so viele Menschen angeblich unentwegt Zeit verlieren, und
keiner findet sie wieder. Bei so viel Zeitverlust müsste

es doch allerorten Fundbüros für herrschaftslose Zeiten geben. Wenn die Leute ihre Zeit so sorgfältig hüten würden, wie sie dies mit ihrem Geld tun, würden sie wohl kaum ständig deren Verlust beklagen müssen. Völlig ahnungslos fing ich den ersten Band eines zeitintensiven Romans zu lesen an. Ich muss zugeben, dass das Lesen eine sehr sinnvolle Zeitverschwendung war. Denn eh ich mich versah, befand ich mich wirklich: »*Auf der Suche nach der verlorenen Zeit.*« So habe ich beim Lesen so viel Zeit verloren, dass ich froh war, als ich endlich beim letzten Teil angelangt war, der den Namen trägt: »*Die wiedergefundene Zeit.*« Obwohl so viele Menschen unentwegt Zeit verlieren, ist seit Marcel Proust niemand mehr auf die Idee gekommen nach der längst verloren gegangenen Zeit zu suchen. Und dann habe ich das doch mal versucht, und prompt wurde mir attestiert, dass ich nun endgültig aus der Zeit gefallen sei. Andere sagten, ich würde hinterm Mond leben. Also auf der uns ewig abgewandten Seite. Dann wollte ich schlauer sein und versuchte unentwegt Zeit zu gewinnen. Aber, wo gibt es ein Fundbüro für verlorene Zeit? Wo finde ich einen Losverkäufer, oder eine Verlosung, bei der ich Zeit gewinnen kann?

Seit einiger Zeit will mein Arbeitgeber mich dazu bringen, Arbeitszeit auf einem speziellen Zeitkonto einzuzahlen. Doch bisher wurde mir keine Zeit ausgezahlt. Vielleicht wird sie mir als Geld zurück gegeben.

Dann habe ich versucht, die Zeit anhand von Gegenständen festzuhalten. Wichtige Zeitdokumente! Bald nagte auch daran der Zahn der Zeit. Nein, die einmal verlorene Zeit kommt nie mehr zurück. Wer zum Teufel hat mir die Zeit gestohlen? Niemand. Wenn ich keine Zeit habe, kann ich sie nicht verlieren und niemand kann sie mir stehlen. Ja in Wirklichkeit bin ich frei. Zeitfrei. Zeit, oder zumindest meine Zeit kommt nicht zu mir und ich geh nicht von ihr fort. Statt an meine Zeit, denke ich jetzt an Jean Gebser, der nicht mehr ist und doch noch ist, weil er seiner Zeit wirklich weit voraus war, und die, wie ich finde, zeitlosen Zeilen schrieb:

»Wir kommen nirgends her,
wir gehen nirgends hin;
wir ruhen ungefähr
im fast erfüllten Sinn.«

Jetzt weiß ich, was die Stunde geschlagen hat:

Es ist Zeit.
Ja, Zeit ist einfach!
Sie kommt nicht.
Sie geht nicht.
Sie ist. Punkt.
Ich bin Es.
Ja, ich bin einfach!
Ich komme nicht.
Ich gehe nicht.
Ich bin.

Man wird alt wie 'ne Kuh und lernt immer noch dazu

Norbert Wickbold
Denkzettel Nr. 60

Man wird alt wie 'ne Kuh
und lernt immer noch dazu

In unserer Nachbarschaft gab es eine Frau, die hatte keine Kinder. Sie hätte aber so gerne welche gehabt. Und weil meine Eltern drei Kinder hatten, also meinen Bruder, meine Schwester und mich, kam sie öfters zu uns zu Besuch. Für uns Kinder hieß sie einfach Tante Paula. Doch meistens erzählte sie uns Geschichten. Sie wusste viele Geschichten. Dabei kam es durchaus vor, dass sie uns die gleiche Geschichte mehrmals erzählte. Aber das machte nichts. Und sie kannte auch viele lustige Sprüche und Redewendungen. Obwohl sie ja keine richtige Tante für uns war, haben wir ihr immer eine Postkarte geschickt, wenn wir zur Kur oder ins Schullandheim gefahren waren. Dann besuchte sie sogleich die Daheimgebliebenen und kam mit der Postkarte in der Hand nach oben in unsere Wohnung. Sofort las sie uns allen daraus vor, aber nicht, was wirklich da stand, sondern diesen lustigen Spruch:

»Liebe Eltern und Geschwister,
dass ich Geld brauch', ja das wisst ihr.
Verkauft euren Hund,
schickt mir das Geld und bleibt gesund!«

Inzwischen kannten wir schon viele Sprüche. Die meisten ihrer Sprüche habe ich mir bis heute gemerkt. Tante Paula sagte zum Beispiel gern:

»Man wird alt, wie 'ne Kuh,
und lernt immer noch dazu.«

103

So war unsere Tante. Wenn sie gut gelaunt war, machte sie gerne ihre Scherze. Manchmal verstand ich nicht, was sie meinte. Deshalb wunderte ich mich darüber, was der Spruch mit der Kuh bedeutete. Außer, dass sich das reimte, wusste ich nicht, was das mit der Kuh zu tun haben sollte. Zumal wir ja mitten in der Stadt wohnten. Heute weiß ich, dass die meisten Kühe gar nicht alt werden. Man gibt ihnen selten die Chance alt zu werden. Bei uns werden sie schon nach vier bis fünf Jahren geschlachtet. Aber nur, wenn ihr Fleisch nicht schon nach wenigen Monaten Lebenszeit zu Kalbfleisch verarbeitet wird. Dann haben sie lediglich eine Lebensdauer von drei bis fünf Monaten. Diejenigen, die das überleben, müssen massenhaft Milch produzieren. Quasi im Akkord, wie am Fließband. Das schaffen sie nur wenige Jahre. Doch vom wohlverdienten Ruhestand können unsere Kühe nur träumen. Und ehe sie sich versehen, kriegen sie eins vorm Latz geknallt und dann landen sie erst auf dem Schlachthof, später auf der Speisekarte und schließlich auf unserem Teller. Ja, und über den Rest machen sich die Katzen und Hunde her. Und dabei könnten sie 30 Jahre alt werden und manchmal sogar 45. Man sagt ja: Man ist, was man isst. Ist da was Wahres dran oder ist das eher Übertreibung?

»Isst man zeitlebens Fleisch von der Kuh,
macht man im Alter bestimmt nur Muh.«

Die Leute, die sich seit Jahren und Jahrzehnten von Rindfleisch ernähren, bekommen tatsächlich – rein äußerlich, versteht sich – immer mehr Ähnlichkeit mit einer Kuh. Das ist zu erkennen an dem berühmten Stiernacken und dem typischen Blick. Und manch ein betrogene Herr findet sich als gehörnter Ehemann wieder und denkt im Stillen: Was bin ich nur für ein Rindvieh. Auf jeden Fall werden all diese Menschen wesentlich älter als die Tiere, die sie verzehren. Wer das Tierische z. B. in Form von Rindfleisch verinnerlicht, wird womöglich selbst zum Rind oder zumindest dem Rind immer ähnlicher. Wenn jemand, der eigentlich biologisch – und vielleicht sogar auch geistig – dazu angelegt ist, zum Menschen zu werden, durch seine Essgewohnheit nicht zum Menschen, sondern zur Kuh oder – bei denen, die Schweinefleisch bevorzugen – zum Schwein wird, dann ist das einfach nicht gesund. Und tatsächlich ist es genau das, woran diese Menschen, wenn sie alt geworden sind, erkranken und oftmals auch sterben.

Aber, wie ist das mit dem zweiten Teil des Satzes meiner Tante? Wie ist das mit dem ständigen Dazulernen? Altwerden und Dazulernen scheint ja bei vielen Menschen kaum oder rein gar nicht zusammen zu passen. Die Wahrheit sieht leider allzu oft so aus:

»Man sieht im Alter aus, wie 'ne Kuh,
und lernt dann nimmer mehr dazu.«

105

Ich glaube, das war meine Tante Paula, die herausfand, dass sich besonders die Frauen mit zunehmendem Alter rein äußerlich dem Kuhtyp oder dem Ziegentyp ähneln. Die Variante Kuh, sagte sie, ist rund und üppig und behält dafür aber eine eher glatte Haut. Zur Variante Ziege gehöre sie nicht, aber die Frauen, die eher schlank bis hager bleiben oder es im Alter werden. Sie bekommen dafür aber die meisten Falten. Diese Typenlehre hat Tante Paula vielen Frauen weitererzählt. Die haben das geglaubt und durch Mund-zu-Mund-Propaganda weitergegeben. Auch wenn den Männern oft nachgesagt wird, einen Hang zu animalischen Trieben zu haben, hatte weder meine Tante noch jemand anderes bei ihnen solche tierischen Entsprechungen in den Körperformen erkannt. Doch natürlich, jetzt fällt mir ein Beispiel ein. Der berühmte Maler Picasso, der ja ursprünglich Spanier war, hatte sich selbst gerne als Stier gesehen und sich vielfach auch so gemalt oder gezeichnet. Picasso wurde ja wirklich sehr alt. In jeder Phase seines Künstlerlebens hat er bis zum Schluss Neues gelernt. Picasso hat durchaus Rindfleisch gegessen. Er hat darüber sein Menschsein nicht außer Acht gelassen, sondern sich zeitlebens mit seinem Menschsein und Menschwerden künstlerisch lernend auseinandergesetzt.

»Lernst du wie Picasso ständig dazu,
wirst du sicher viel älter als jede Kuh.«

Tante Paula hielt Picasso für verrückt. Dennoch sagte sie, halten viele ihn für ein Genie. Um ein Genie zu werden musst du erst einmal über eine besonders hohe Intelligenz verfügen. Und meine Tante Paula wusste: Dazu brauchst du ganz viel von der Kuh. Nein du brauchst, den Ih-Kuh. Wenn du ein Genie werden willst, solltest du schon einen hohen Ih-Kuh haben. Dazu musst du zum Psychologen. Da musst du einen Test machen, mit ganz schwierigen Ankreuzaufgaben. Das hat aber gar nichts mit dem richtigen Leben zu tun. Noch viel weniger, als die Kreuzworträtsel. Die Psychologen nennen das den Intelligenz-Quotienten, also eben IQ. Statt in der Kuh steckt bei den Wissenschaftlern die Intelligenz einfach in den Buchstaben »I« und »Q«. Weißt du, sagte Tante Paula, diese Leute behaupten, dass bei den meisten Menschen der Ih-Kuh, bzw. der IQ mit den Lebensjahren eher abnimmt. Da ich schon älter bin, bin ich nicht bereit, jede neue Mode mitzumachen. Ich schreibe einfach weiter Ih-Kuh. Also junge Menschen, die sich erst noch ihre Hörner abstoßen müssen, sagen sie, haben eher einen hohen Ih-Kuh. Die Alten hingegen, die schon durch ihr Leben viel dazugelernt haben, verfügen demnach häufig über einen niedrigeren Ih-Kuh. Wenn du das glaubst, bedeutet das für dich:

»Lernst du auch ständig Neues dazu,
verlierst im Alter dennoch den I-Q.«

Wenn auch Tante Paula damals nicht wissen konnte, dass die Kühe heute nicht mehr alt werden, so hat sie doch gewusst, dass es sich lohnt, bis ins hohe Alter zu lernen. Da kannst du in der Schule noch so viel pauken und noch so schlau sein, kannst Kreuzworträtsel lösen, Bücher lesen noch und noch. Junge, ich sage dir: *»Der beste Lehrmeister ist und bleibt das Leben!«*

Meine Tante hatte, obwohl sie in der Stadt wohnte, noch den echten Stallgeruch. Sie hat das alles nicht mehr miterlebt, was danach kam. Sie wusste nichts von den riesigen Rinderherden, die auf Spaltenböden ihr Dasein fristen. Damals gab es auch noch keinen Rinderwahn. Oder nur ganz selten. Und auch von Alzheimer hat sie nie etwas gehört. Das kam erst alles viel später, als Tante Paula nicht mehr da war. Wenn Tante Paula damals gewusst hätte, wie alt die Menschen heutzutage werden, wäre sie bestimmt stolz gewesen, dass sie mir beigebracht hat, wie wichtig es ist, sich nicht davor zu scheuen, immer weiter zu lernen. *»Wer rastet, der rostet«*, das war auch so ein Spruch meiner Tante. Immer in Bewegung bleiben! Nicht nur körperlich, sondern gerade auch geistig. Wenn du im Alter nicht rege bleibst, wirst du immer träger und kommst bald gar nicht mehr vom Fleck und es dauert nicht lange, bis du senil wirst. So gilt auch heute:

»Bist du erst alt, machst kaum noch Muh,
kriegst du den Alzheimer auch noch dazu.«

Inzwischen bin ich selbst über sechzig und bewege mich auf die Lebensphase zu, die man als Alter bezeichnet. Und dies ist der sechzigste Denkzettel. Zeit, für mich, meiner Tante zu danken. Dazu fällt mir auch die passende Musik ein. Das hätte meiner Tante gefallen. Früher sang doch der Udo Jürgens:

»Mit Sechsundsechzig Jahren, da fängt das Leben an,
mit Sechsundsechzig ist noch lang noch nicht Schluss!«

Jetzt höre ich wieder meine Tante zu mir sprechen: Und denke daran, egal was die anderen Leute sagen. Mache es wie die glücklichen Kühe auf der Weide. Sie kauen solange auf den Sachen herum, bis sie alles verdaut haben. Den Menschen liegt so manche Kost, die ihnen ihr Leben verabreicht hat, schwer im Magen. Und das oftmals ein Leben lang. Ja und dann werden sie sauer und verbittert. Bis ins hohe Alter haben sie immer noch nicht gelernt, was ihnen guttut und was nicht. Und sie wissen auch oft nicht einmal, wie sie das, was ihnen nicht guttut, wieder loswerden können. Stattdessen halten sie sich daran am meisten fest. Es geht ja nicht nur darum, irgendetwas zu lernen, sondern zu lernen, wie man sein Leben lebt, ohne sich ständig den Magen zu verderben und wie man seine Hörner abstößt, ohne dabei überall anzuecken. Und dann, sagt Tante Paula, kanns richtig losgehen:

»Und lernst du immer was dazu,
wird das Alter dein größter Coup!«

Die Bücher von Norbert Wickbold

finden Sie auf den folgenden Seiten

Geschichten aus dem Paradies
Jubiläumsausgabe!

Tb: € **12,80** (D)

geb: € **19,80** (D)

e-Book: € **2,99** (D)

ISBN:
978-3-7323-2611-2 (Tb.)
978-3-7323-2612-9 (geb.)
978-3-7323-2613-6 (e-book)

Zum Anliegen der Denkzettel

Hier werden Lebensthemen oder politische Themen in oftmals ungewöhnliche Denk- und Sichtweise humorvoll oder eher besinnlich erörtert. Jeder Band umfasst zehn Texte, die nicht all zu ernst genommen werden sollen, denn ich möchte dazu beitragen, all zu engstirnige Denkweisen aufzulockern. Vielleicht kommen Sie bei deren Lektüre ins Schmunzeln und es fällt Ihnen anschließend leichter, Altbekanntes neu zu betrachten und es auf bisher ungeahnte Weise zu bedenken.

Tb Nr. 1 – 5: € 9,50 (D) und ab Nr. 6: € 10,80 (D)

Der Roman, der zur Quelle führt:

Die Wiederkehr der Morgenlandfahrer

Die Idee der Morgenlandfahrer Hermann Hesses wird hier wieder aufgegriffen und mit hochaktuellen Themen verknüpft: Auf der einen Seite steht eine gigantische, den Globus beherrschende Wirtschaftsmacht und ihr gegenüber befindet sich die entmachtete Gruppe der vielen. Ein paar wenige wagen es, um ihr Grundrecht auf sauberes Wasser zu kämpfen und bringen das Machtgefüge der Weltmacht an seine Grenzen.

Die Wiederkehr der Morgenlandfahrer

gibt Hoffnung auf die Kraft von Einzelnen, die ihre innere Quelle gefunden haben. Hier geht es darum, seinem Stern zu folgen und daraus Kraft für die Bewältigung auch sehr schwieriger Aufgaben zu ziehen. Die Reise der Morgenlandfahrer ist eine Reise durch die innere Wüste seiner eigenen Seele. Es ist eine Reise zur inneren Quelle. Sieben Künste weisen den Weg dorthin. Jeder findet seinen eigenen Weg. Der Leser bekommt einen spannenden Roman vorgelegt, der Hoffnung machen will, dass auch eine globale Bedrohung überwindbar ist. Er fin-

det sich ohne Weiteres in einer der Hauptfiguren wieder und erhält somit schnell einen eigenen Bezug zu Thema und Inhalt des Romans. Und er kann sich auf seinen persönlichen Weg zur eigenen Quelle begeben!

336 Seiten € 18,50 (D) Tb

ISBN:
978-3-8495-9890-7 (Tb.)
978-3-8495-9891-4 (geb.)
978-3-8495-9892-1 (e-book)

Die Gedichte und Gedanken:
Was seht ihr denn?
42 Gedichte und Gedanken

Wie viele Gedanken gehen uns durch den Kopf und ziehen sehr schnell wieder weiter? Einige hinterlassen bleibende Spuren, andere geraten bald wieder in Vergessenheit. Neue Ereignisse und neue Gedanken verdrängen unsere Gedanken von gestern.

Einmal innezuhalten! Dies alles von ferne nur zu betrachten. Es aufzuschreiben, um die Gespenster, die in unseren Hirnen spuken, zu vertreiben.

Hier sind sie versammelt:
42 Gedichte und Gedanken aus drei ereignisreichen Jahrzehnten, die tatsächlich in Worte festgehalten und niedergeschrieben wurden. Sie sind manchmal sehr persönlich oder poetisch, mal politisch und manchmal eher philosophisch.

Format: 120 x 190 mm,
60 Seiten

Tb: € 7,50 (D)

geb: € 13,50 (D)

e-Book: € 2,99 (D)

ISBN:
978-3-7323-1126-2 (Tb.)
978-3-7323-1127-9 (geb.)
978-3-7323-1128-6 (e-book)

Der Ratgeber zum Älterwerden:

Wer weiß, wie wir mal werden?
Selbstentwicklung kreativ fürs Alter nutzen

Im Alter würdevoll Leben, möglichst ohne Leiden zu müssen, dass wünschen sich viele Menschen. Ist das möglich? Nach 22 Jahren Arbeit in der Altenpflege, behaupte ich: Ja! Es ist möglich, wenn wir bereit sind, unser Leid anzunehmen. Dann können wir es wandeln. Mithilfe unserer Lebenserfahrung, der Kunst und verschiedener therapeutischer Ansätze können wir einen inneren Wandel vollziehen und den Abbau- und Sterbeprozess kreativ wandeln in einen Aufbau- und Integrationsprozess.

Das Buch vereint viele Beispiele aus der Praxis, der Kunst, der Dichtung und der Forschung und zeigt sieben Wege zum kreativen Altwerden auf.

384 Seiten, mit vielen, teils farbigen Abbildungen

Tb: € 24,49 (D)

geb: € 30,80 (D)

eBook: € 2,99 (D)

ISBN:
978-3-8495-9811-2 (Tb.)
978-3-8495-9812-9 (geb.)
978-3-8495-9813-6 (e-Book)

Die Seminarbücher:

Sieben Wege zum kreativen Älterwerden

Hier werden sieben Wege aufgezeigt, die dich befähigen, auch im Alter eine Persönlichkeit zu sein, die souverän und weise ihr Leben führt.

Das Lebensschiff
bis ins hohe Alter
souverän steuern

Die Bilder der Seele
sprechen lassen

Die Biografie als
Gestaltungsaufgabe

Dreh dich nicht um!
Die Blockaden lösen

Zu jedem Weg werden Seminare angeboten. In lockerer Folge erscheinen weitere Themenbücher, die unabhängig voneinander durchgearbeitet werden können.

Tb: € 9,50 (D) geb: € 16,80 (D) eBook: € 2,99 (D)

Auf künstlerischen Wegen der Weisheit entgegen

Empfangen der Würde im Alter

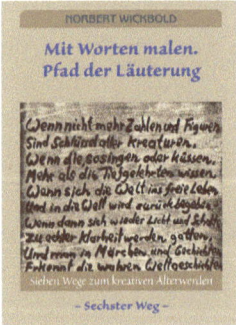

Mit Worten malen. Pfad der Läuterung

Die Teile des Lebens zum Ganzen zusammenfügen

Der Autor:
Norbert Wickbold

1973- 1984 Lehr- und Gesellen-
jahre als Elektriker,
drei Semester Physik-
Studium, UNI Bremen

1985- 1989 Diplom-Studium in
Kunsttherapie/Kunstpäda-
gogik und freie Arbeit als
Dozent für künstlerische und literarische Kurse

1994 Altenpflegeausbildung, Arbeit als Altenpfleger

2001 Fortbildung zur Fachkraft Gerontopsychiatrie

2002 Abschlussarbeit: Kunsttherapie im Alter

2003 Beginn meiner schriftstellerischen Arbeit

2005 bis 2012 Leitung von Gedächtnistrainingskursen

2008- 2010 Master-Studium in Erwachsenenbildung

2007 Fertigstellung der 1.Fassung des Romans:
   • *Die Wiederkehr der Morgenlandfahrer*

2008 • *Norbert Wickbolds kleine Denkzettel*
   starten mit: *Das Henne-Ei-Paradoxon*

2010 • *Vom Sinn des Lebens, des Sterbens und der
   Aufgabe des Alters* in Heft 23 der Zeitschrift:
   »Psychosynthese«, Navo-Verlag, Zürich

2014 • *Wer weiß, wie wir mal werden?* wird im
   Tredition-Verlag, Hamburg veröffentlicht

2015 • *Die Wiederkehr der Morgenlandfahrer* und
   • *Was seht ihr denn? – 42 Gedichte und Gedanken*
   • *Denkzettel – Die ersten zehn*

2016 • *Denkzettel –die zweite Dekade(Staffel)*   Bis

2019 • *Denkzettel – dritte bis fünfte Staffel* Geplant für

2020 • *Geschichten aus dem Paradies*
   • *Sieben Wege zum kreativen Älterwerden – Einleitung*
   • *Denkzettel – sechste Staffel*

Weitere Infos:

Norbert Wickbold
n.wickbold@heilkunstundfarbenpracht.info
www.heilkunstundfarbenpracht.de

Bücher erhältlich über
www.tredition.de/buchshop/

Zeitfracht Medien GmbH
Ferdinand-Jühlke-Straße 7
99095 Erfurt, Deutschland
produktsicherheit@kolibri360.de